Hohenheim

Manfred Rommel

Die amüsantesten Texte

Eine heitere Sammlung

Hohenheim Verlag
Stuttgart · Leipzig

2. Auflage 2010

© 2010 Hohenheim Verlag GmbH,
Stuttgart · Leipzig
Alle Rechte vorbehalten
Satz und Reproduktionen: Satz & mehr, Besigheim
Druck und Bindearbeiten:
CPI Moravia Books GmbH, Korneuburg
Printed in Austria

ISBN 978-3-89850-203-0

Inhalt

Zu diesem Buch

Neunzehn Bücher hat Manfred Rommel seit dem Jahre 1981 veröffentlicht – für einen Autor, der im Hauptberuf erst Beamter war und dann Politiker wurde, eine erstaunliche literarische Bilanz! Manche dieser Bücher sind seit längerer Zeit nicht mehr lieferbar, obwohl von ihnen und anderen Titeln Rommels ohne Taschenbuch- und Buchclubausgaben sage und schreibe insgesamt 111 Auflagen (in Worten: einhundertundelf!) erschienen sind. Deshalb ist der Verlag aus Anlaß seines 10jährigen Geburtstages gerne dem Wunsch vieler Leser nachgekommen, eine Auswahl der amüsantesten Texte seines nicht nur in Baden-Württemberg populären Bestsellerautors zusammenzustellen und damit leichter zugänglich zu machen – als 20. Buch von Manfred Rommel.

»Vieles läßt sich aus Ihren Lebenserfahrungen lernen«, hat Jerusalems legendärer Bürgermeister Teddy Kollek einmal an seinen Stuttgarter Amtskollegen geschrieben, »aber am Lehrreichsten sind Ihre Gesinnung und ihr unbezwinglicher Humor.« Und der ehemalige Bundespräsident Richard von Weizsäcker, selbst ein gebürtiger Stuttgarter und früher Regierender Bürgermeister von Berlin, hat bei Manfred Rommel eine »unnachahmliche Verbindung von Heimatliebe, Humor und Selbstironie« entdeckt, die in den Beiträgen dieses Buches sichtbar werden.

Ulrich Frank-Planitz

Streifzüge durch ein langes Leben

Als Piefke in Wiener Neustadt

In Potsdam hatte ich einen soliden Geschichtsunterricht gehabt, der mich von der Richtigkeit der preußischen Sache überzeugte. Ob der alte Fritz, ob Moltke, ob Bismarck, die Preußen hatten einfach recht in ihrem Kampf gegen Österreich mit seinen Hilfsvölkern. Später mußte ich in der Schule in Wiener Neustadt, wo mein Vater 1938 nach dem deutschen Einmarsch Kommandeur der berühmten, zur »Kriegsschule Wiener Neustadt« umbenannten »Theresianischen Militärakademie« wurde, all die Schlachten auf der anderen Seite mitmachen.

Man freute sich dort, wenn Fritz verlor und Österreich siegte. Überhaupt hatte der Alte Fritz hier keinen so guten Ruf, wie ich das aus dem preußischen Schulunterricht gewöhnt war. Man war betrübt über die Niederlage von Königgrätz 1866. Unser Lehrer sagte mit bewegter Stimme: »Und dann sind unsere Soldaten dagelegen mit ihren weißen Uniformen, als ob frischer Schnee gefallen wäre.« Sogar ich war ergriffen, aber nach wie vor auf preußischer Seite.

Dann mußte ich aber auch noch von meiner Tante erfahren, daß Württemberg 1866 auf österreichischer Seite gekämpft und ebenfalls verloren hatte. Auch mit dem großen Friedrich von Preußen habe es Probleme gegeben, während Napoleon die Württemberger zum Sieg geführt hatte. In der Tat hingen im Arbeitszimmer meines Vaters zwei Kupferstiche, die den Franzosenkaiser zeigten, einmal inmitten seiner Garden (Ils grognaient mais le suivaient partout) und zum anderen auf St. Helena, mit berechtigtem Mißmut das Meer betrachtend, das ihn von Frankreich fernhielt.

Als ich noch klein war, erzählte mein Vater gerne vom französischen Kaiser, wobei sich Dichtung und Wahrheit vermischten. Besonders der Rückzug über den russischen Fluß Beresina hatte es ihm angetan. Nur wenige von den 14 000 Württembergern, die mit Napoleon nach Rußland gezogen waren, seien zurückgekommen. Unter denen, die dort geblieben waren, sei auch ein Verwandter gewesen, der sich die Taschen mit russischem Gold gefüllt hätte und den dann, als er die

Beresina durchschwimmen wollte, seine Beute in die Tiefe gezogen hätte. So geht es einem, der fremdes Gut an sich nimmt!

Mein Einsatz für Preußen in der Wiener Neustädter Schule in Verbindung mit meiner noch immer norddeutsch klingenden, sich nur langsam ins Süddeutsche umfärbenden Aussprache trug mir eines der schlimmsten Schimpfworte ein, über die ein Österreicher in seinem Sprachschatz verfügt. Dieses Wort lautet: Piefke. Ich entschloß mich deshalb, dem Überleben Vorrang vor der Gesinnung einzuräumen, nicht mehr über den preußischen Sieg von Königgrätz zu triumphieren und den niederösterreichischen Dialekt zu erlernen. Letzteres gelang mir. Nach fünf Jahren war ich fast perfekt und wurde nicht mehr als Piefke erkannt und angesprochen.

Nun fühlte ich mich in Wiener Neustadt ausgesprochen wohl. Wir zogen bald aus der alten Burg in eine neu gebaute Kommandeursvilla um. In Dresden und Potsdam hatten meine Eltern in Offizierssiedlungen gewohnt. Ihr gesellschaftlicher Umgang beschränkte sich weithin auf andere Offiziere und deren Gattinnen und meiner – außerhalb der Schule – auf Offizierskinder. Was einer wußte, wußten alle.

Ich schnappte einmal zu Hause auf, daß ein früherer preußischer Heerführer die Kriegsschule Potsdam besucht hatte und dort von meinem Vater herumgeführt worden war. Als der alte Herr hörte, daß es in den Waschräumen der Fahnenjunker auch warmes Wasser gab, wurde er sehr ungehalten und erklärte: »Wenn diese Armee sich so verwöhnt, dann wird sie im nächsten Krieg untergehen.« Das ist sie ja dann auch, aber nicht wegen des warmen Wassers.

Ich meinte damals, daß eine so wichtige Information es verdiente, verbreitet zu werden, und teilte sie meinen Spielkameraden mit. Schon wenige Tage später hörte mein Vater hiervon und entschloß sich angesichts meiner mangelnden Eignung als Geheimnisträger, nichts derartiges mehr in meiner Anwesenheit zu erzählen.

Unser Bücherschrank

Man kann nicht sagen, daß meine Eltern einen größeren Buchbestand besessen hätten. Eine Bibel, zwei Gesangbücher. Ein englisches, ein französisches, ein lateinisches und ein italienisches Wörterbuch, einen Brockhaus mit vier Bänden. Einige Klassiker: Goethe, Schiller natürlich, vor allem dessen Gedichte wiesen deutliche Lesespuren auf. Sogar Wielands »Abderiten« hatten ihren Weg in diesen Bücherschrank gefunden.

Dort gab es viele militärische Bücher, auch moderne. Hitlers »Mein Kampf« mit Widmung stand ebenfalls dort. Mein Vater hatte das Buch (oder waren es zwei?) 1941 von Hitler bekommen. Ich glaube nicht, daß er in »Mein Kampf« jemals auch nur hineingeschaut hat. Der einzige in der Familie, der einen Versuch unternommen hat, das Werk zu lesen, war ich. Ich verstand nichts und fand es wenig unterhaltend.

In diesem Bücherschrank gab es auch noch eine vierbändige Weltgeschichte von Professor Jäger, reich bebildert, aus der mir mein Vater vor dem Krieg gelegentlich vorlas und den Text durch ergänzende Anmerkungen bereicherte. Diese waren oft sehr bildhaft, zum Beispiel, wenn er schilderte, wie früher die Regimenter mit klingendem Spiel zum Angriff antraten und nach den ersten Salven der Verteidiger nur noch zwei Trommler und ein Flötenspieler übrigblieben. Es leuchtete mir ein, daß diese Art der Kriegführung ziemlich einfallslos war.

Weniger unterhaltsam war es, wenn er auf Geschichtszahlen, besonders auf die Abfolge der deutschen Kaiser und Fürstengeschlechter zu sprechen kam. Er konnte nämlich die wichtigsten Zahlen aus der Geschichte auswendig, vor allem die Zeiträume, in denen die deutschen Kaiser regiert hatten, und er ordnete in dieses Zahlengerüst alles ein, was er las und hörte. So fühlte ich mich, wie auch in der Mathematik, von der fachlichen Kompetenz meines Vaters geradezu erschlagen.

Mein Weihnachten

Mein Verhältnis zu Weihnachten ist immer sehr eng gewesen, weil ich am Heiligen Abend auch noch geboren bin. Zuerst habe ich mich, wenn ich unseren Herrn Jesus mit mir verglichen habe, darüber gewundert, doch als ich erfuhr, daß auch Dschingis Khan am 24. Dezember zur Welt gekommen ist, begann ich daran zu zweifeln, ob das Wesen eines Menschen von dem Tag seiner Geburt geprägt wird. Denn ich spüre in mir nicht den Bewegungstrieb, das Machtstreben und das Gewaltsame des großen Eroberers.

In meiner Kindheit hat mich die besondere Feierlichkeit und das Geheimnisvolle dieses Tages sehr beeindruckt. Ich glaubte in den ersten Jahren meines Lebens wirklich an den Weihnachtsmann, und zwar so lange es ging, und weigerte mich, die Wahrheit, daß meine Eltern die Geschenke besorgt hatten, anzuerkennen. Schließlich wurde mir aber bewußt, daß eine derartige Verweigerungshaltung gegenüber der Wahrheit und Hinwendung an Illusionen eher schädlich als nützlich ist.

Durch dieses kritische Bewußtsein begannen Zweifel an mir zu nagen, ob ich nicht im Vergleich zu anderen Kindern, die beispielsweise im Juni Geburtstag haben, materiell benachteiligt würde. Aber meine Eltern verstanden es, diese Zweifel zu zerstreuen. Ich wandte mich schließlich jener nüchternen und rationalen Lebensphilosophie zu, die ich in meiner beruflichen Tätigkeit als Beamter und Bürgermeister befolgte und die ich heute einigen Spitzenpolitikern gerne zu Weihnachten schenken würde. Da wurde mir bewußt, daß ein Geburtstag, der auf Weihnachten fällt, zwar in der Kindheit, wegen der ausfallenden Geschenke von Nachteil ist, aber später wegen der ausbleibenden Geburtstagsgäste und der Einsparung der Bewirtungskosten zum Vorteil wird. Auf die Gesamtlebensdauer bezogen, überwiegt der Vorteil den Nachteil.

Es ist also finanziell günstig, am 24. Dezember Geburtstag zu haben. Auch läßt sich Geburtstags-, Weihnachts- und Neujahrskorrespondenz im selben Brief und mit einer einzigen Briefmarke erledigen. Für alle Wünsche kann man pauschal danken. Aber wer würde so prosaisch denken?

Weihnachten ist zunächst ein Fest der Gefühle und des Gemüts, der Freude und des Friedens, der Familie, der Kinder. Mein Geburtstag erhält durch Weihnachten einen Glanz, den er sonst nicht hätte. Ich bin jedenfalls mit Weihnachten voll zufrieden.

Freiwillig zur Waffen-SS?

Mein Vater wollte meiner Begeisterung für den NS-Staat entgegenwirken, welche in mir den Wunsch ausgelöst hatte, mich freiwillig zur Waffen-SS zu melden. Doch daraus wurde nichts. Mein Vater erklärte, da er Wehrmachtsoffizier sei, erwarte er, daß ich auch zur Wehrmacht ginge und nicht zu einer politischen Truppe. Im übrigen sei ich minderjährig, und deshalb bestimme immer noch er, wohin ich mich freiwillig meldete. Ich war meinem Vater später dankbar, daß er mich vor diesem unbedachten Schritt bewahrt hat.

Mein Vater erkannte die militärische Leistung der Waffen-SS-Divisionen, die ihm 1944 in Frankreich taktisch unterstanden, durchaus an und fühlte sich, als Mitte Juli das Ende zu nahen schien, auch für sie verantwortlich. Unter ihnen waren sehr junge Leute. Viele von ihnen waren gar keine Freiwilligen, sondern zur SS eingezogen worden. Aber was will es bei einem 17- oder 18jährigen Menschen besagen, ob er sich freiwillig gemeldet hatte oder nicht.

Im übrigen war es gar nicht so leicht, bei den Werbeveranstaltungen der Waffen-SS den Aufforderungen zu widerstehen. Ich habe als Luftwaffenhelfer im Sommer 1944 selber einmal so eine Veranstaltung erlebt, an der unser Zug geschlossen teilnehmen mußte. Der junge, schwerverwundete und mit Orden geschmückte SS-Offizier sagte unter anderem in seiner Rede, wenn jemand ihm sage, er wolle zum Heer und nicht zur Waffen-SS, sei dies eine schwere Beleidigung. Die Waffen-SS sei wie das Heer eine kämpfende Truppe, die in einem besonderen Treueverhältnis zum Führer stehe. Wer sich weigerte, sich zu ihr zu melden, habe offensichtlich etwas gegen diese Treuebeziehung.

Danach mußte jeder einzelne vortreten und erklären, ob er sich zur Waffen-SS meldet oder nicht. Den Hinweis »ich will zur Marine« oder »ich will zur Luftwaffe« ließ man widerwillig gelten. Aber wer erklärte, daß er lieber zum Heer wolle, wurde angeschnauzt und aufgefordert, sich nachher noch einmal zu melden. Als die Reihe an mich kam, erklärte ich, inzwischen geläutert, daß ich zum Heer wolle, und zwar aus Tradition. Mein Vater sei nämlich auch dort. Auf die Frage: »Was ist Ihr Vater?« erklärte ich: »Feldmarschall!« Daraufhin wurde die Werbeveranstaltung abgebrochen. Wenn ich aber hätte sagen müssen: »Obergefreiter«, wäre die Wirkung ganz anders gewesen.

Jurist in Tübingen oder Journalist in München?

Ausgestattet mit meinem vortrefflichen Abiturzeugnis begab ich mich 1947 nach Tübingen und wurde in der Alma Mater als Student der Jurisprudenz aufgenommen. In meiner Familie war niemand Jurist gewesen. Irgendwelche Ahnung von der Materie hatte ich nicht. Ich nahm staunend zur Kenntnis, daß es einen Unterschied zwischen Strafrecht und Zivilrecht gibt, daß das allgemeine Verwaltungsrecht nicht schriftlich niedergelegt war, sondern den Studenten von den Professoren mitgeteilt wurde, und daß hinter diesen komplizierten Sachgebieten noch andere Scheußlichkeiten lauerten – wie Handels- und Wertpapierrecht, Zivilprozeßrecht, Grundbuchrecht, Arbeitsrecht, Strafprozeßrecht, Steuerrecht, Völkerrecht, Verfassungsrecht. Das entmutigte mich sehr, zumal die Vorlesungen zum Teil Hörer voraussetzten, die das, was vorgetragen wurde, bereits genau kannten.

Ich verstand nicht sehr viel. Eine bleierne Müdigkeit ergriff mich. In eine Bank in einem der Hörsäle war eingeschnitten: »O heiliger

Sankt Benedikt, ich bin schon wieder eingenickt!« Dieser Spruch gibt meine Verfassung von damals gut wieder. Ich wurde meinem Grundsatz, niemals wieder in den Tag hinein zu dämmern, untreu. Schließlich blieb ich den Hörsälen, diesen Orten des Mißvergnügens und der Langeweile, fern, mit einigen Ausnahmen.

Dieses waren die Vorlesungen der Professoren Dölle und Zweigert wegen ihrer Klarheit und eines Professors des Strafrechts, der nicht schlecht war, der aber die Gewohnheit hatte, nach fast jedem Satz die Zunge herauszustrecken. Unter grobem Verstoß gegen das Urheberrecht, zum Teil aber auch mit Billigung des Vortragenden, hatten Studenten Nachschriften hergestellt. Auf diese Nachschriften, die ich mir zu gegebener Zeit ausleihen würde, um dann genauso schlau wie die Vorlesungsbesucher zu sein, setzte ich meine Hoffnungen. Zunächst aber gab ich mich der Geselligkeit hin.

Ein wichtiger Ort der Versammlung war die Wirtschaft der Tante Emilie. Emilie verstand sich unter anderem darauf, Brot ohne Marken und einen recht guten Most zu beschaffen, von dem man einen wirklichen

Rausch bekommen konnte. Sie war schon älter und schien in ihrer Gastwirtschaft zu schlummern. Sie merkte es aber sofort, wenn einer ihrer Gäste versuchte, sich, ohne zu zahlen, zu entfernen. Es ging das Gerücht, daß sie ein Student mit ihrem Sohn sitzengelassen hatte. Wir stimmten öfters das gemütvolle Lied an »Rosemarie, siebzehn Jahre mein Herz nach Dir schrie« usw. Dieses Lied versetzte sie in Rührung und ließ sie mit dem Kopf nicken, was wir als Bestätigung auffaßten, daß an dem Gerücht doch etwas dran sei.

Ich genoß ihre Sympathie, weil sie trotz meiner zahlreichen Dementis darauf bestand, meinem Vater während eines Aufenthaltes in der Tropenklinik den Zutritt zu ihrer Gastwirtschaft verweigert zu haben. Sie hätte ihn nämlich nicht erkannt. Das wollte sie an mir wiedergutmachen. Mein Vater war aber nie in der Tropenklinik gewesen.

Ich selber hauste einige Zeit mit mehreren Kameraden im Gogenviertel – Gogen werden die berühmt-berüchtigten Tübinger Wengerter (Weingärtner) genannt – nämlich in der Ammergasse bei der Lina Pfeifer, unserer Hauswirtin, die von uns immer als »meine

Herren« sprach. Unten, im Erdgeschoß, war ein ehemaliger Friseurladen, der Platz für vier Betten bot, oben war ein Zimmer mit einem Bett und einem Sofa. Dieses hatte ich von dem Sohn einer mit meinen Eltern befreundeten Familie gleichsam geerbt. Über diesem Zimmer war ein weiterer Raum, in dem ein Herr wohnte, der billigen Wodka besorgen konnte und auch sonst für Tauschgeschäfte nützlich war, der aber die selbst in der Gogei seltene Angewohnheit hatte, zum Fenster hinauszupinkeln. Im Winter führte das zur Bildung kleiner Eiszapfen an meinem oberen Fensterrahmen und einer größeren Eisfläche auf dem Hof.

Eines Tages besuchte mich Oskar Farny, ein mit meinem Vater befreundeter Gutsbesitzer (er wurde 1953 im Kabinett von Gebhard Müller als CDU-Mitglied baden-württembergischer Minister für Bundesangelegenheiten). Er zeigte sich von meiner Unterkunft sehr beeindruckt und fragte mich, ob er seinen Fahrer Seethaler heraufkommen lassen könnte. Ich stimmte selbstverständlich zu. Seethaler kam, und Oskar Farny sagte zu ihm: »Sehet se mal, Seethaler, wie der Herr Rommel leben muß, und Sie sind mit Ihrer

Wohnung unzufrieden.« Das ist schwäbischer Pragmatismus.

Ein empfindlicher Einschnitt in mein Leben war die Währungsreform im Juni 1948. Meine Mutter hatte kein Einkommen mehr, und ich hatte auch keines. Das Vermögen war abgewertet und reichte nirgends hin. Da gelang es mir, Arbeit in einer Lederfabrik zu finden, ich glaube, für einen Stundenlohn von 1,20 DM. Ich war sehr froh, diese Arbeit zu bekommen, und ich bin heute noch froh, daß ich einmal in einer Fabrik gearbeitet habe und damit nicht zu jenen Politikern gehöre, welche die Handarbeit nur aus Büchern oder Erzählungen kennen.

Später half ich meiner Mutter und einem früheren Generalstabschef meines Vaters in Afrika, General Bayerlein, der in Ulm beim amerikanischen Nachrichtendienst tätig war, Papiere meines Vaters herauszugeben. Ich hatte mit den im französischen Gefangenenlager erworbenen Schreibmaschinenkenntnissen die meisten Schreibarbeiten zu erledigen. Ich traf britische Schriftsteller und Historiker und begann den Respekt, den mein Vater vor seinen britischen Gegnern empfunden hatte, zu teilen. Auch schrieb ich selber einige Aufsätze in Zeitungen und Zeitschriften.

So entfernte ich mich immer mehr von der Jurisprudenz. Ich las alles, was ich über das Dritte Reich, dessen Vorgeschichte und dessen Nachwirkungen bekommen konnte, befaßte mich mit der russischen Revolution, freilich ohne jemals irgendeine Neigung zum Marxismus zu verspüren, und las auch einige grundsätzliche oder vielmehr klassische Bücher, darunter Spenglers »Untergang des Abendlandes«, Toynbee, Machiavellis »Il Principe« und die »Discorsi«, Bismarcks »Gedanken und Erinnerungen«, Le Bons »Psychologie der Massen«, eine Geschichte der Philosophie. Ich begann sogar die Kritiken von Kant zu lesen, von denen ich so Gutes gehört hatte, muß aber eingestehen, daß ich diese Lektüre bald aufgab.

Der berühmte Hans Habe von der Münchener Illustrierten riet mir, doch die Jurisprudenz an den Nagel zu hängen und Journalist zu werden. Doch dann trat ein Ereignis ein, das alles grundlegend veränderte: Ich lernte meine spätere Frau Liselotte im Zug von Ulm nach Tübingen kennen, wo sie Neuphilologie studierte. Wir waren uns bald einig, daß wir heiraten wollten.

Meine Mutter war wegen unserer Absichten sehr besorgt und hielt mir vor, daß jemand, der heiraten wolle, einen soliden Beruf brauche und zu diesem Zwecke zunächst einmal ein Staatsexamen ablegen müsse. Dies beeindruckte mich, zumal ich in Liselotte ein Beispiel dafür vor Augen hatte, wie zielstrebig, ordentlich und wohlorganisiert ein Mensch arbeiten kann, wenn er will. Ich entschloß mich also, die Rechtswissenschaft ernst zu nehmen, und begab mich zunächst, dem Beispiel vieler Studienkollegen folgend, zum Repetitor Gutke.

Dort erkannte ich, daß die Rechtswissenschaften gar nicht so schwierig sind, wenn sie nicht kompliziert erklärt werden. Bald begann in mir ein Wissen zu sprießen, das zu besitzen ich zuvor niemals zu hoffen gewagt hatte, und mit dem Wissen sproß die Hoffnung, das erste juristische Staatsexamen bestehen zu können.

Ich machte in einem einzigen Semester sämtliche Scheine, die notwendig waren, um zum Examen zugelassen zu werden. Mein Freund und Studienkollege Franz Dannecker schrieb eine meiner Arbeiten ab und erhielt eine bessere Note als ich, was ich als eine erneute Bestätigung der These ansah, daß die Welt weit davon entfernt ist, gerecht zu sein.

Strauß paßt bei Kiesinger nicht auf

In der letzten Woche vor Abgabe der Regierungserklärung, welche im Bundestag am Dienstag, dem 13. Dezember 1966 erfolgen sollte – die Beratung im Kabinett der Großen Koalition war auf Montag terminiert – versuchten mein Freund Ulrich Weber und ich Bundeskanzler Kurt Georg Kiesinger von der Notwendigkeit zu überzeugen, einen Entwurf dieser Regierungserklärung herzustellen ...

Das Kanzleramt wartete bereits begierig auf den Entwurf, denn die ersten Minister versammelten sich bereits zur Kabinettssitzung, in der die Regierungserklärung abgesegnet und gebilligt werden sollte. Ich hatte die Ehre, an dieser Kabinettssitzung teilnehmen zu dürfen und für die richtige Wiedergabe des endgültigen Textes verantwortlich zu sein.

Zuerst versuchte der Kanzler, anhand seiner Aufzeichnungen die Regierungserklärung frei vorzutragen, wobei ihm Formulierungen gelangen, die wesentlich besser waren als die im Manuskript. Aber Vizekanzler und Außenminister Willy Brandt unterbrach ihn, erklärte sich beeindruckt von dem Vortrag, meinte aber, die SPD hätte das alles doch gern schriftlich. Darauf sagte der Kanzler mir, ich solle dem Außenminister mein Manuskript geben. Ich erklärte, ich hätte lediglich eine nur für Eingeweihte lesbare Photokopie. Das Manuskript würde gerade geschrieben und träfe demnächst ratenweise ein.

Der Kanzler zieh mich mangelnder Praxisnähe. Ich sollte meine Photokopie photokopieren. Ich erwiderte, daß man dann gar nichts mehr lesen könnte. Der Kanzler bestritt dies. Ich bat ihn anzuerkennen, daß ich wenigstens hinsichtlich des Photokopierens größere Sachkunde hätte als er. Diese Diskussion hätte wohl noch länger angedauert und womöglich noch einige Bundesminister zu Wortbeiträgen zum Thema der Photokopierfähigkeit von Photokopien veranlaßt, doch da öffnete sich die Tür zum Kabinettssaal, und die ersten Seiten des Entwurfs wurden hereingebracht und verteilt.

Die Regierungserklärung enthielt gleich zu Anfang einen Satz, der auf das Scheitern der Regierung Erhard hinwies. Willy Brandt meldete sich und erklärte, dieser Satz müsse noch deutlicher formuliert werden. Da rief zu meinem Erstaunen Minister Herbert Wehner, den ich bislang nur von der liebenswürdigsten Seite kennengelernt hatte, dazwischen: »Unsinn, der Satz kann stehenbleiben.« Das gefiel Willy Brandt offensichtlich nicht, aber er sagte nichts, sondern blickte eine Zeitlang in die Ferne. Wehner machte dann noch eine witzig gemeinte Bemerkung, deren Inhalt ich vergessen habe. Der Kanzler konnte dieser nur ein säuerliches Lächeln abgewinnen, worauf Wehner rief: »Sie können mir eben geistig nicht folgen.«

Der Kanzler tat so, als ob er das nicht gehört hätte und trug den Entwurf weiter vor, nicht ohne ein gewisses Pathos in seinen Vortrag hineinzulegen. Daraufhin blinzelte Franz Josef Strauß seinen Kabinettskollegen zu, offensichtlich in der Absicht, diese zur Heiterkeit anzuregen. Kiesinger merkte aber, was hier geschah, und fragte plötzlich: »Herr

Bundesfinanzminister, kann dieser Satz stehenbleiben?« Strauß erwiderte blitzschnell: »Der kann ohne weiteres stehenbleiben.«

Daraufhin Kiesinger: »Welchen Satz meinen Sie denn?« Strauß las einen Satz vor, sichtlich verblüfft. Kiesinger: »Wir sind zwei Seiten weiter, ich bitte doch um mehr Aufmerksamkeit.«

Die Verblüffung von Strauß hielt nicht lange an. Nach einiger Zeit meldete er sich zu Wort und meinte: »Herr Bundeskanzler, nur daß Sie sehen, wie aufmerksam ich Ihren Vortrag verfolge, im zweiten Absatz dritte Zeile auf dieser Seite befindet sich das scheußliche Worte insbesondere. Dieses Wort paßt nicht zu Ihrer Sprache und ist gewiß von Beamten eingebracht worden. Vorschlag: Dieses Wort durch das Wort besonders zu ersetzen.« Kiesinger nickte und warf mir einen unfreundlichen Blick zu, weil er mich für den Urheber des beanstandeten Wortes hielt.

Wenige Minuten später meldete sich Strauß erneut und erklärt: »Dritter Absatz, vierte Zeile, wieder das bewußte Wort. Ich bitte, besonders einzusetzen. So geschah es. Nach wenigen Minuten meldete sich Strauß wieder und sagte: »Das übliche, zweiter Absatz erste Zeile.«

Inzwischen hatte Kiesinger gemerkt, daß die Bestrebungen des Bundesfinanzministers weniger der Pflege der deutschen Sprache galten, als auf die Belustigung der Anwesenden auf seine Kosten abzielten. Er wurde ungehalten und warf sogar die Frage auf, ob »besonders« nicht bayerischer Dialekt sei. Fast wäre ein Duden geholt worden, um diese Frage zu klären, wenn nicht Willy Brandt eine zuvor zurückgestellte Frage aufgeworfen hätte, nämlich, wo Italien erwähnt werden solle.

Außerdem erschien immer wieder der Sprecher der Bundesregierung Karl-Günther von Hase und bemerkte, falls er jetzt kein gültiges Manuskript bekäme, dann könnte die Presse nicht mehr rechtzeitig unterrichtet werden. Das aber wollten schließlich alle. So wurden die Beratungen für beendet erklärt, und ich übergab mein Manuskript, in dem ich hoffte, alles richtig niedergelegt zu haben, einschließlich des eingefügten Wortes »Italien«, dem Schreibdienst und erfreute mich des Gedankens, zur großen Politik einen Beitrag geleistet zu haben.

Der höfliche Späth

Auf Einladung des stellvertretenden Oberbe-
fehlshabers der US-Streitkräfte in Europa,
General Smith, besuchten Lothar Späth,
Matthias Kleinert und ich den Flugzeugträger
»Enterprise«, der sich damals vor Beirut auf-
hielt. Wir waren tief beeindruckt, zumal wir
den Flugzeugträger von ganz unten bis fast
ganz oben kennenlernten. Lothar Späth
sprach damals noch nicht so gut Englisch
wie später und pflegte aus Höflichkeit Fragen
der amerikanischen Gastgeber mit *yes* zu be-
antworten.

Unsere Gastgeber erklärten unter anderem, daß sich tief in dem gewaltigen Schiff
auch eine gewaltige Maschine befände. Viel
zu sehen sei zwar nicht, aber wenn wir Wert
darauf legten, seien sie gerne bereit, sie uns zu
zeigen. Es stelle sich also die Frage, ob wir sie
sehen wollten oder nicht. Ich wollte schnell
»No« rufen, aber Lothar Späth war wieder
einmal schneller und kam mir mit seinem
»Yes« zuvor. So stiegen wir also nach meiner
Schätzung etwa 14 Stockwerke hinunter und
dann wieder hinauf.

Beim Katapultstart während des Abflugs wurde mein rechter Fuß von einem Koffer Lothar Späths oder seines Pressechefs Matthias Kleinert getroffen. Mein Fuß reagierte auf diese ungewohnte Behandlung, indem er mächtig anschwoll. Meine Versuche, das amerikanische Verwundetenabzeichen verliehen zu bekommen, blieben erfolglos. Die Amerikaner sagten, dieses erhalte man nur im Kriegsfall, und wegen mir und meiner Lust auf Orden wollten sie keinen Krieg anfangen.

Der Ruhm hat seinen Preis

Nicht der gelungene Faßanstich erregt bei einem Volksfest die gewünschte Aufmerksamkeit, sondern der mißlungene. Dazu brauchen Sie zehn oder mehr Schläge, um das Faß zu öffnen. Halten Sie den Zapfen schräg, damit es spritzt. Wenn Sie Glück haben, fällt der Zapfen ganz heraus und das Bier ergießt sich auf den Boden, was zahlreiche Herumstehende zu unkoordinierten Rettungsaktionen veranlaßt. Heben Sie den Schlegel hoch und rufen Sie »Angezapft ist«. Ursprünglich absichtlich fehlerhaft handelnd, wurde ich in meinen letzten Amtsjahren als Stuttgarter Oberbürgermeister von meiner damals noch nicht entdeckten Parkinsonerkrankung wirkungsvoll unterstützt. Die meisten Zuschauer erfreuten meine Faßanstiche, einige schrieben mir jedoch anonym, daß ich eine Schande für die Stadt sei, weil zu blöd, um ein Faß anzustechen. So etwas muß man eben in Kauf nehmen, denn der Ruhm hat seinen Preis.

Mutter mit Verhaltensstörung

Gelegentlich bin ich, offen gestanden, fast geplatzt vor Zorn. In einer Stuttgarter Bürgerversammlung beklagte eine durchaus kultiviert wirkende Dame, die wie auch ihr Mann eine gute Position in der Stuttgarter Wirtschaft innehatte, daß in dem städtischen Kindergarten, in den sie ihr Kind brachte, eine Erzieherin krank geworden sei und daß nicht sofort eine Ersatzkraft erschienen wäre. Sie mache mich deshalb ganz persönlich für die Verhaltensstörungen ihres Kindes verantwortlich. Ich mußte meine ganze Willenskraft aufbieten, um freundlich zu bleiben. Nach der Versammlung kam aber die Dame auch noch zu mir, um weiter zu zanken. Schließlich erklärte ich ihr: »Wenn Ihr Kind Verhaltensstörungen hat und wenn Sie den Grund kennen wollen, dann brauchet Sie bloß in den Spiegel zu gucken!« Da war sie platt und rauschte davon.

Flotte Sprüche

Über andere lacht es sich leichter

Ein Anknüpfungspunkt für Gespräche mit Vertretern kommunistischer Länder war der in Stuttgart geborene Philosoph Georg Friedrich Wilhelm Hegel, den bekanntlich Marx vom Kopf auf die Füße gestellt hatte und dessen Werke eingehend von Lenin studiert worden waren. Ich hatte viel von Hegel gelesen, weitaus weniger verstanden und mir die Grundzüge seines Denkens durch Sekundärliteratur angeeignet, so daß ich einigermaßen ein Gespräch über ihn und seine Schüler Marx und Lenin bestehen konnte, zumal jene, die sich mit Hegel befassen, daran gewöhnt sind, daß sie sich gegenseitig nicht verstehen, aber so tun müssen, als verstünden sie sich doch.

Ich verkündete unseren Gästen: »Ohne Stuttgart kein Hegel, ohne Hegel kein Marx, ohne Marx kein Lenin und ohne Lenin keine Sowjetunion.« Später fügte ich noch hinzu: »Ohne Sowjetunion keine Perestroika, ohne Perestroika keine Wiedervereinigung.« Das hob das Ansehen Stuttgarts erheblich.

Hegel hat bekanntlich in seiner Philosophie dem Weltgeist eine bedeutende Rolle zugewiesen. Was der Weltgeist ist, läßt sich nicht so ohne weiteres erklären: Schopenhauer meinte, man solle Hegel fragen: Woher kennst du den Burschen? Ich ließ mit Himbeergeist gefüllte Fläschchen herstellen, sie mit einem Etikett versehen, das mit einem Bild von Hegel geschmückt war und die Aufschrift trug: »Stuttgarter Weltgeist – Das Geistige ist das Wirkliche« und empfahl den Verzehr des Inhalts anstelle des langweiligen Diamat-Studiums (Diamat = dialektischer Materialismus). Einzelne sowjetische Besucher freute das so sehr, daß sie auftauten und sogar Witze erzählten, und zwar zunächst einmal politisch harmlose.

Dem Vorsitzenden der Transportarbeitergewerkschaft von Nowosibirsk verdanke ich die Geschichte vom Busfahrer, der zusammen mit einem Pfarrer in den Himmel kommt und dort sehr freundlich empfangen wird, während der Pfarrer sich mit einer sehr kühlen Begrüßung zufrieden geben muß. Der Pfarrer beschwert sich bei Petrus und erklärt: »Mein ganzes Leben habe ich von Gott gesprochen und dieser Herr ist bloß Bus gefahren, jetzt wird er mir vorgezogen.« Petrus erwiderte: »Wenn du von Gott gesprochen hast, sind alle eingeschlafen, aber wenn er Bus gefahren ist, haben alle zu Gott gebetet.«

Im Rahmen eines internationalen Kongresses über Fragen der Verwaltung in Berlin hatte auch ich eine Rede zu halten. Wegen der Übersetzungen mußte ich zuvor ein Manuskript abliefern. Die Veranstaltungsleitung prüfte dieses und bat mich, eine Passage aus meiner Rede zu entfernen, weil sonst die sowjetische Delegation den Raum verlassen würde.

Um zu illustrieren, wie gelegentlich Theorie und Praxis völlig auseinandergehen, ohne daß die Theorie nachgibt, hatte ich den folgenden Witz herangezogen. Frage an Radio Eriwan: Stimmt es, daß dem Kosmonauten Gagarin auf dem Roten Platz in Moskau eine Tschaika-Limousine übergeben worden ist? Antwort: Im Prinzip ja, nur handelte es sich nicht um den Kosmonauten, sondern um den Arbeiter Gagarin. Es handelte sich auch nicht um eine Limousine, sondern um ein Fahrrad, und das wurde nicht geschenkt, sondern gestohlen.

Ich strich den Witz natürlich um des lieben Friedens willen heraus, erzählte die Geschichte aber im Rathaus sowjetischen Besuchern. Ein Besucher erklärte mir: »Sie müssen die Geschichte anders erzählen. Warum ein Kosmonaut? Der ist doch eine offizielle Persönlichkeit. Warum ausgerechnet der Rote Platz, auf dem Lenins Grab liegt? Warum eine Tschaika-Limousine? Auch sie ist ein offizielles Fahrzeug. Und gestohlen? Muß das sein? Nehmen Sie eine Lotterie, und fragen Sie, ob es stimmt, daß ein Arbeiter dort zehntausend Rubel gewonnen hat. Dann können Sie sagen, im Prinzip ja, aber es handelte sich nicht um die Lotterie, sondern um ein Kartenspiel, und nicht um zehntausend Rubel, sondern um hundert Rubel, und er hat sie nicht gewonnen, sondern verloren.« Ich versuchte ihn davon zu überzeugen, daß die Radio-Eriwan-Witze der Sowjetunion nicht schaden, sondern sie menschlich erscheinen lassen. Es gelang mir damals nicht.

Der Umgang mit Humor ist hilfreich, aber nicht einfach, weil Humor letztlich darin besteht, daß man über sich selber lachen kann. Dazu gehört Selbstbewußtsein. Besonders gute Beispiele für Humor liefert der jüdische Witz. Bei einem Gespräch in Tel Aviv mit dem damaligen Oberbürgermeister Lahat, der früher General gewesen war, sagte dieser: Ich erzähle Ihnen eine Geschichte, die eigentlich nur ein General erzählen darf.

In der Schlacht von Austerlitz wurde ein französischer Oberst von einem Säbelhieb getroffen, der sein Gehirn zerstörte. Der Oberst, der als tapfer, treu, aber dumm galt, lebte noch, aber es war abzusehen, daß er sterben würde. Einige Offiziere wandten sich an den Kaiser und baten ihn, den sterbenden Oberst noch zum Brigadegeneral zu ernennen. Napoleon wollte nicht so recht. »Stirbt er bestimmt?« – »Jawohl, Sire«. Der Kaiser unterzeichnet die Urkunde. Einer der Offiziere reitet zu dem Zelt, in dem der Oberst liegt. Er legt ihm die Urkunde in die Hände und flüstert ihm zu: »Der Kaiser hat Sie zum Brigadegeneral befördert!« Der Oberst springt auf und ruft: »Wo ist mein Pferd, wo ist mein Säbel!« Der Offizier will ihn aufhalten: »Ihr Gehirn ist zerstört!« Der Oberst: »Wozu braucht ein General ein Gehirn!«

Dieser Witz ist gut, wenn ihn ein General erzählt. Wenn ihn ein früherer Luftwaffenoberhelfer erzählt, büßt er erheblich an Qualität ein. Über andere lacht es sich leichter. Aber über sich selber lachen zu können, ist befriedigender. Man gewinnt Distanz zu sich selber. Die braucht jeder von uns dringend.

Als ein Ehemann, der ein fröhliches Leben führte, starb und begraben wurde, sagte die Witwe: »Jetzt weiß ich wenigstens, wo mein Karle nachts ist.«

Seitdem Opa ein Hörgerät besitzt, hat er seine Familie enterbt.

Gelegentlich sind die Eigenschaften, die man braucht, um ein Amt zu bekommen, nicht dieselben, die man braucht, um es auszufüllen.

Ein Lehrer soll einmal in einer deutschen Schulklasse seine Schüler mit den Worten bedroht haben: »Ich garantiere euch, von euch fallen 70 Prozent durch!« Daraufhin erhob sich ein Knabe und sagte: »Herr Lehrer, so viele sind wir ja gar nicht!«

Schriftlich läßt sich genauso lügen wie mündlich, und von dieser Möglichkeit wird fleißig

Gebrauch gemacht. Ein Schriftstück errötet nicht einmal.

Wir regen uns über große Probleme so sehr auf, daß wir vergessen, sie zu lösen.

Zwei Vögel überflogen Deutschland. Da sagte der eine: »Ein herrliches Land! Ein herrliches Land.« Der andere fragte: »Meinst du das im Ernst?« Der eine: »Ja, überall ist der Wurm drin, überall der Wurm drin!«

Unter dem grünen Mantel verbirgt sich oft der soziale Pferdefuß.

Ein Berner Kantonalbeamter sagte zu Bauern im Berner Oberland, die sich gegen ein Straßenprojekt wehrten: »Wir wollen doch nur Euer Bestes!« Diese antworteten: »Gerade das wollen wir nicht hergeben!«

Alles, was in der deutschen Geschichte stört, kommt in einen Karton mit der Aufschrift »Nazi«. Dann ist das zuerst einmal aufgeräumt und aus dem Blickfeld verschwunden.

Wer die Natur wirklich kennt, weiß, daß der Wind nicht immer weht und die Sonne nicht immer scheint. Letzteres schon wegen der Wolken, die auch im übertragenen Sinne den Blick trüben können. Kann man von Sonne und Wind erwarten, daß sie bei der Stromerzeugung die Grund- und Mittellast übernehmen? Das läßt sich doch berechnen, oder? Und wie ist das mit den Kosten? Wenn der Strom auf dem Strommarkt anderer Länder für 2 Cent je Kilowattstunde zu haben ist, unser Wind- und Sonnenstrom aber für 10, 15, 20 oder 30 Cent, dann besteht doch zwischen den Kosten ein so großer Unterschied, daß ihn auch jener erkennen sollte, der zu den von Pisa beklagten Opfern des Bildungswesens gehört.

Franz Josef Strauß sagte einmal, eher lege ein Mops einen Wurstvorrat an, als daß Politiker auf Ausgaben verzichten, wenn Geld da ist.

Es ist auffallend, daß die Musik als ein auf das Gemüt wirkendes und deshalb auch Lustgefühle auslösendes Medium zwar von den Calvinisten auf das erträgliche Maß zurückgestutzt wurde, indem sie beispielsweise nur einstimmige Kirchengesänge erlaubten, nicht aber von den übrigen Protestanten als Anstifterin zu sündhaften Gedanken verdächtigt worden ist. Der Genuß von Alkohol wurde dagegen von allen Konfessionen toleriert, vielleicht aber, weil der früher erzeugte Wein so trocken war, daß sein Konsum eher den Gedanken an Buße und Reue als an Lust und Frohsinn auslöste.

Geigenspielen hilft auch in Politik und Verwaltung, denn man ist als Musiker darin geübt, mit der rechten Hand etwas anderes zu tun als mit der linken.

Im Altertum wurden wichtige Fragen betrunken beraten, aber nüchtern entschieden. Heute wird die Reihenfolge manchmal umgekehrt, was vieles erklärt.

Vieles von dem, was geschrieben und gedichtet wurde, ist unter Alkoholeinfluß entstanden, was die heutige kulturelle Unfruchtbarkeit als Folge der immer schärferen Anforderungen an den Blutalkohol der Verkehrsteilnehmer erklärt.

Erst als der Alkohol im Blut nicht nur das Leben, sondern den Führerschein kostete und der Farbfernseher Verbreitung fand, ließ die Anziehungskraft des Wirtshauses nach.

Wenn sich heutzutage die Muse nähert und die Inspiration den Konsum von Wein, Birnenmost, Bier oder Obstbranntwein verlangt, dann fällt dem modernen Menschen sein Führerschein ein. Sofort legt sich Ernüchterung wie ein bleiernes Gewicht auf das Gemüt, der Enthusiasmus erlischt, und die Muse flattert davon.

Daß ein Vergnügen eines einzelnen Menschen dadurch getrübt werden kann, daß auch andere Menschen sich in gleicher Weise vergnügen wollen, ist ein allgemein verbreitetes Phänomen: Wenn zu viele am gleichen Ort die Einsamkeit suchen, ist die Qualität der Einsamkeit gestört und durch die andere Qualität der Betriebsamkeit ersetzt.

Ansichten und Einsichten

Zinsen für Judas

Hätte Judas die dreißig Silberlinge nicht in den Tempel geworfen, sondern mit einem Realzins von 2 Prozent angelegt, dann wären aus den dreißig Silberlingen heute 2,3 Trillionen geworden (eine Zahl und 18 Nullen). Das wäre mehr als das Zwanzigtausendfache des Weltsozialprodukts.

Die Verehrung für hohe Zahlen

Meinen Erfahrungen bei der Beobachtung der großen Politik glaube ich entnehmen zu sollen, daß bei großen Fragen und bei großen Zahlen ein besonders hohes Maß an Vertrauen geschenkt wird, daß aber gerade dort dieses Vertrauen besonders fragwürdig ist. Was ich über die wenig vernünftige Behandlung großer Fragen gesagt habe, trifft auch auf hohe Zahlen zu. Bei geringen Zahlen irrt sich in der Regel niemand, es sei denn, zu den eigenen Gunsten. Hohe Zahlen erfreuen sich einer besonderen Verehrung; je mehr Nullen hinter der Zahl, desto größer die Verehrung. Dies hat damit zu tun, daß den hohen Zahlen die Anschaulichkeit fehlt. Sie sind fast unbegreiflich. Gott ist auch unbegreiflich, aber nicht alles, was unbegreiflich ist, ist von Gott. Wenn irgendwo 100 000 Euro fehlen, ist der Skandal unvermeidlich, bei 100 Millionen Euro ist man schon großzügiger, und über 10 Milliarden Euro wird schon fast nicht mehr diskutiert.

Geschnittene Fußnägel oder größere Stiefel?

Die Industrie- und Handelskammer Mittlerer Neckar wurde im Jahre 1855 als Industrie- und Gewerbekammer im hinteren Rathaussaal des Stuttgarter Rathauses konstituiert. Damals war alles noch recht klein, auch die Stadtverwaltung und das Rathaus, deren Bedienstete sich besonders die Bekämpfung des Mäusefraßes an Akten angelegen sein ließen. Heute ist die Region Mittlerer Neckar eine der größten Industrieregionen Europas, und in Stuttgart haben wir schon das dritte Rathaus. Mag das Äußere auch brüchig geworden sein, der Kern der Stadtverwaltung ist jedenfalls einigermaßen intakt geblieben, auch wenn uns das Reglementierungsbedürfnis der anderen politischen Ebenen ebenso zu schaffen macht wie der Wirtschaft.

Unser Landsmann Hegel hat zwar gemeint, je mehr Gesetze, desto größer die Freiheit, denn in den Gesetzen sei die Vernunft, und wo die Vernunft sei, befinde sich auch die Freiheit. Ich erlaube mir aber, an beiden Aussagen zu zweifeln.

Das traurige Schicksal von Romeo und Julia beweist, wohin es führt, wenn romantische Gefühle stärker sind als die Vernunft, und es zeigt auch, daß ein unzulängliches Kommunikationssystem verhängnisvolle Wirkungen haben kann. Die Kommunikation zwischen Wirtschaft und Gesellschaft funktioniert nicht so, wie sie funktionieren sollte. Es ist vielen, vor allem jungen Menschen, nicht bewußt, wieviel eine sich selbst nach Marktgesetzen lenkende und auch sich selbst verwaltende Wirtschaft für die Qualität des Lebens bedeutet und wie wichtig sie gerade in den kommenden Jahren sein wird.

Zwar heißt es im 3. Buch Mose 19, Vers 31: »Ihr sollt Euch nicht wenden zu den Wahrsagern, und forschet nicht von den Zeichendeutern.« Aber wenn man nicht alles über die Zukunft wissen kann, ist das keine

Rechtfertigung dafür, nichts wissen zu wollen, und wenn man nicht sicher weiß, was die Zukunft bringt, ist dies kein Grund, das zu tun, was sicher falsch ist. Sicher falsch ist die Meinung, die Energiefrage werde durch feierliche Umschreitung der Probleme unter Vorantragung des Heiligen Florians und der Vermeidung konkreter Entscheidungen von selbst gelöst werden. Sicher falsch ist die Meinung, daß zwischen Staatseinnahmen und Staatsausgaben nur ein lockerer Zusammenhang besteht. Bertolt Brecht stellte die Frage: Was ist besser, sich die Fußnägel zu schneiden oder immer größere Stiefel anzuschaffen?

Der Nabel der Welt

Der alte schwäbische Witz von dem Herren, der einen Globus kaufen wollte und der, nachdem im Buchladen die Kontinente und Länder auf dem Globus eingehend betrachtet hatte, meinte, ihm würde ein Globus von Württemberg genügen, hat nach wie vor aktuellen Sinn. Trotz aller Selbstkritik haben wir Deutsche im Innersten unseres Wesens die Neigung zu glauben, Deutschland sei die Welt, mindestens aber der Nabel der Welt.

Was in Deutschland geschieht, geschehe auch in der Welt. Wenn wir die Kernkraft abschalten, schalten alle anderen Länder auch ab. Wenn wir keine Gentechnik zulassen, verzichten die anderen auch darauf.

Was wir den Franzosen verdanken

Einige Zeit nach dem Unglück von Tschernobyl fuhr ich in unsere Partnerstadt Straßburg und traf dort meinen Kollegen Rudloff. Die französischen Freunde amüsierte es, daß sich ihre deutschen Nachbarn so sehr über die radioaktiven Niederschläge aufregten, während in Frankreich die Bürger dieses Ereignis mit großer Ruhe zur Kenntnis genommen hatten. Ich erwiderte: »Woher kommt denn die ganze Aufregung? Von der Kenntnis des Problems. Und woher kommen die, denen wir diese Kenntnis verdanken? Vielleicht aus Deutschland? Herr und Frau Curie, waren das Deutsche? Herr Becquerel, war das ein Deutscher? Alle drei waren doch Franzosen!« Ich will den Unterschied, den Max Weber zwischen politischer Leidenschaft und steriler Aufgeregtheit macht, hier nicht bemühen, aber es wäre schon günstig, wenn alle Beteiligten an der Umweltdiskussion sich weniger erregten, dafür aber mehr nachdächten, und zwar ergebnisoffen. Ich denke, daß langfristig bei zunehmender Verknappung von Öl und Gas auch diejenigen neu über die Kernkraft nachdenken werden, die sie heute für ein Angebot des Teufels halten.

Philosophie, Metaphysik und Religion

Technik, Ökonomie, ja selbst die Vernunft sind nur vernünftig, wenn sie auf ein Wertesystem hin orientiert sind, also einem Ziel dienen, einem moralischen Ziel, dessen letzte Ursachen und Fundamentierungen entgegen dem Optimismus mancher Kybernetiker durch Vernunft allein nicht gefunden werden können.

Vielleicht stehen wir vor der Wiederentdeckung, daß es ohne Metaphysik doch nicht geht, und der Scherz philosophischer Aufklärer ist wohl zu leichtfertig formuliert worden:

Was ist Philosophie? Die Suche nach einer schwarzen Katze mit verbundenen Augen in einem verdunkelten Raum.

Was ist Metaphysik? Die Suche nach einer schwarzen Katze mit verbundenen Augen im verdunkelten Raum, wenn gar keine Katze da ist.

Was ist Religion? Die Suche nach einer schwarzen Katze mit verbundenen Augen in einem verdunkelten Raum, wenn gar keine Katze da ist und plötzlich jemand ruft: Ich hab' sie gefunden.

Wer im falschen Raum sucht – nämlich im Raum der Vernunft nach Moral –, der findet natürlich nichts.

Es genügt eben nicht, daß jeder von Menschlichkeit redet und vom Menschen, um den es gehe, und meint, daß der Staat etwas tun soll, damit die Unmenschlichkeit verschwindet und Menschlichkeit hergestellt wird.

Wenn der Mensch nicht zu dem Glauben findet an die Fortschrittsfähigkeit der menschlichen Persönlichkeit, also – um es etwas präziser zu formulieren – an die Möglichkeit moralischen, sozialen und kulturellen Fortschritts, und wenn er nicht imstande ist, seine Vernunft und Erkenntnisfähigkeit für diesen Fortschritt einzusetzen, dann kann er gleich alle Hoffnung fahren lassen.

Was das Mikrogramm vom Mikrophon unterscheidet

Stuttgart und die Region Mittlerer Neckar haben den Ingenieuren viel zu verdanken, vor allem, daß dieses Gebiet heute zu den wohlhabendsten in Europa gehört, obwohl es weder über Kohle noch Stahl noch über sonstige Bodenschätze verfügt und obwohl es weit von den Seehäfen und den großen Schifffahrtsstraßen Europas entfernt ist.

Aber ich schätze die Ingenieure nicht nur, weil wir durch sie materielle Vorteile haben, sondern wegen verschiedener grundsätzlicher Eigenschaften, vor allem wegen des hohen Vernunftanteils in ihren Überlegungen. Sie können ihre Pläne meist verwirklichen, während bei uns Politikern Pläne häufig nicht gemacht werden, um sie auszuführen, sondern um sie der Presse vorzustellen und publizistischen Ruhm zu ernten.

Die Voraussagen der Ingenieure treffen meist ein, während die Voraussagen von uns Politikern oft nur eintreffen können, wenn wir klug genug waren, sie so allgemein und undeutlich zu formulieren, daß eine Nichterfüllung fast unmöglich ist. Wenn die Ingenieure etwas sagen oder schreiben, tun sie dies in der Regel, um verstanden zu werden. Und wenn sie nicht verstanden werden, liegt das fast immer an der naturwissenschaftlichen Unbildung, auf die der Kulturbürger bei uns auch noch stolz ist.

Es ist in unserer Zivilisation nämlich keineswegs üblich, daß jemand spricht, um verstanden zu werden. Im Gegenteil: Wer sich den Ruf eines Intellektuellen verschaffen oder erhalten will, pflegt in der Absicht zu sprechen, nicht verstanden zu werden. Je weniger er verstanden wird, desto besser ist er vor unangebrachter Kritik geschützt, weil es gar nicht so leicht ist, etwas, was man nicht verstanden hat, zu kritisieren. Aber Kritik ist ein Ausnahmefall. Im allgemeinen kann der, der unverständlich spricht, sich darauf verlassen, daß seine Zuhörer oder Leser so tun, als hätten sie ihn verstanden, es sei denn, es befänden sich Engländer, Amerikaner oder Franzosen unter ihnen, wobei die letzteren sowieso aus Höflichkeit schweigen.

Unverständlichkeit wird vor allem dadurch erreicht, daß nicht ein Gedanke nach dem anderen in logischer Folge entwickelt wird, sondern der Redner versucht, mindestens drei gleichzeitig zum Ausdruck zu bringen. Nicht zur Sache gehörende Randbemerkungen werden eingeflochten, die andeuten, daß man belesen ist, für die gleiche Sache werden verschiedene Begriffe verwendet, und schwierige Passagen im logischen Ablauf werden durch dunkle Zitate aus den Werken von Dichtern und Philosophen überbrückt.

Bei dieser Sachlage braucht man sich nicht zu wundern, wenn die Verwirrten immer verwirrter, die Ängstlichen immer ängstlicher und die Aufgeregten immer aufgeregter werden, wenn Nanogramm dem Kilogramm gleichgesetzt und die Unterschiede zwischen Mikrogramm und Mikrophon unklar bleiben, allenfalls eine dunkle Ahnung vorhanden ist, daß das letztere lauter ist als das erstere, und wenn technische Parolen und so abenteuerliche Vorschläge wie der nach Ausstieg aus der Industriegesellschaft um fast jeden Preis bei einem mit Autos, Geschirrspüler und Kühlschrank wohlversorgten Publikum Beifall auslösen.

Es braucht besondere Anstrengungen, um in eine Zeit, in der das Unverständliche so faszinierend wirkt, in der Unvernunft mit Moral verwechselt und das Dunkle für tief gehalten wird, etwas Klarheit, Wahrheit und Licht zu bringen. Diese Aufgabe erfüllen schon immer die Ingenieure. Freilich läßt sich, wie schon der Aufklärungsphilosoph Lichtenberg bemerkt hat, die Fackel der Wahrheit nicht durch eine Menschenmenge tragen, ohne die Bärte zu versengen. Aber das muß man eben in Kauf nehmen.

Sprachliche Körperverletzung

Für eine schwere Körperverletzung an der deutschen Sprache halte ich die Versuche, in Vorschriften, Erlassen und sonstigen amtlichen Texten gewaltsam auch die weibliche Form hineinzupressen. Ich habe an solchen Anschläge auf die deutsche Sprache gelegentlich mitgewirkt, meistens um des lieben Friedens willen. Aber ich schäme mich dessen. Formulierungen wie »Der Antragsteller/die Antragstellerin erhalten die Genehmigung, sofern er/sie sein/ihr Bedürfnis durch Bescheinigung des Veterinäramts nachgewiesen haben« sind nicht geeignet, die berechtigten Anliegen der Frauen zu fördern, wohl aber, sie lächerlich zu machen. Das gleiche gilt für den sprachlichen Feldzug gegen das Wort

»Fräulein«, wenn dieser dazu führt, daß zwölfjährige Mädchen als Frau bezeichnet werden. Ich habe das Glück gehabt, mit herausragenden Mitarbeiterinnen zusammenarbeiten zu können. Deshalb ärgern mich die seltsamen Verrenkungen in der Frauenfrage doppelt.

Das Bügeleisen als Kunstwerk

Der Philosoph Schopenhauer sagte: »Unnütz zu sein gehört zum Charakter der Werke des Genies: Es ist ihr Adelsbrief. Die hohen und schönen Bäume tragen kein Obst.« Oscar Wilde bestätigt das: »All art is quite useless.« Auch ich habe festgestellt, daß etwas, was einem praktischen Gebrauch dient, in der Regel keine Kunst ist. Zum Beispiel wird ein im Gebrauch stehendes Bügeleisen kein Kunstwerk sein. Aber: Es kann zu einem Kunstwerk werden, wenn es auf Dauer dem Gebrauch entzogen und von einem Künstler zu einem Kunstwerk erklärt wird. Also: Die Außerbetriebsetzung des Bügeleisens durch die Hausfrau oder den Hausmann genügt nicht. Es muß ein Weiheakt hinzukommen, und zwar ein Weiheakt durch eine Persönlichkeit, der ein Museumsdirektor ein zum Kunstwerk erklärtes Produkt abkaufen würde.

Wird nun dieser zum Kunstwerk geweihte Gebrauchsgegenstand wieder in Gebrauch genommen, tritt eine Entweihung ein, also eine Degradierung vom Kunstwerk zum Nichtkunstwerk. Eine solche Entweihungshandlung kann auch jemand vornehmen, dem ein Museumsdirektor nichts abkaufen würde, zum Beispiel eine Putzfrau. Wir haben hierfür ein anschauliches Beispiel in dem Unternehmen, eine von Professor Beuys zum Kunstwerk geweihte Badewanne zu reinigen. Je mehr sie gereinigt wurde, von hierfür kompetenter, aber künstlerisch völlig inkompetenter Hand, desto mehr verblaßte ihre Kunstwerkqualität.

Binsenwahrheiten sollten beachtet werden

Es gibt sogenannte Binsenwahrheiten, die im allgemeinen mit einer gewissen Verachtung zur Kenntnis genommen werden. Aber Wahrheiten sollte man niemals verachten, auch nicht Binsenwahrheiten. Denn Binsenwahrheiten sind solche, die jeder kennt, aber niemand beachtet. Eine Binsenwahrheit ist zum Beispiel, daß die Ausgaben sich nicht nur nach den Wünschen, sondern auch nach den Einnahmen richten müssen. Würden alle danach handeln, wäre das Vaterland gerettet. Da dies aber nicht der Fall ist, hilft nur das Gebet.

Es heißt, Kinder und Betrunkene sagen die Wahrheit. Wie alle sogenannten Volksweisheiten, so ist auch diese mit Vorsicht anzuwenden. Wer nämlich die Wahrheit nicht kennt, der kann sie auch als Kind oder als Betrunkener nicht sagen.

Diese Volksweisheit will wohl besagen, daß Kinder und Betrunkene sich nicht verstellen, sondern frei heraus das sagen, was sie auf dem Herzen haben. Was dann zum Munde herauskommt, ist aber nicht unbedingt die Wahrheit. Wenn ein Betrunkener zu einem anderen sagt: »Du bist ein Rindvieh«, dann muß das nicht stimmen. Es könnte ja auch der Betrunkene ein Rindvieh sein. Wäre dies anders, käme die Wahrheit dort am häufigsten vor, wo am meisten Alkohol getrunken wird.

Der günstige Irrtum

Puristen, also schwache Denker, behaupten, etwas könne nur entweder falsch oder richtig sein. Aber es gibt auch die Spannung zwischen mehr falsch und weniger falsch. Es gibt die Steigerung: falsch, falscher, am falschesten. Wenn ich zum Beispiel behaupte, daß fünf mal fünf 24 sei, ist dies zwar falsch, aber weniger falsch als die Behauptung, fünf mal fünf sei 37. Oder wenn es fälschlich heißt, der Zug nach Metzingen fahre um 9.35 Uhr, und er fährt in Wirklichkeit um 9.30 Uhr ab. Dies ist weniger falsch als die Behauptung, er fahre um 9.05 Uhr ab. Aber die falschere Auskunft ist hier weniger schädlich als die weniger falsche. Denn es ist besser, der Reisende kommt eine halbe Stunde zu früh als fünf Minuten zu spät. Der größte Irrtum kann somit der günstigere sein, sofern er in die richtige Richtung zielt.

Umweltschutz als Kostümverleih

Ich bin nicht gegen Streuobstwiesen, nicht gegen Vögel und auch nicht gegen Insekten, wenn diese mich nicht zu sehr belästigen. Was mich bekümmert, ist, daß sich der Umweltschutz zu einem moralischen Kostümverleih entwickelt hat, mit dessen Hilfe sich so mancher, der legitim ein handfestes eigenes Interesse verfolgt – zum Beispiel das Interesse an einer schönen Aussicht oder an einer lärmfreien Nachbarschaft – als Moralist verkleiden kann.

Wildkräuter statt Unkraut

Es gibt kein Unkraut mehr, sondern nur sogenannte Wildkräuter, die allerdings die Fähigkeit haben, den übrigen Kräutern in kurzer Zeit den Garaus zu machen. Auch das Wort »Ungeziefer« verwende man besser nicht mehr. Alles hat angeblich seinen Nutzen. Das »survival of the fittest« der Natur regelt alles zur Zufriedenheit, wenn man es nur läßt. Ich bin schon so eingeschüchtert, daß ich mich unerwünschter Schnecken nicht mehr auf die bewährte alte Art entledige, sondern sie am liebsten in Nachbars Garten würfe, wenn mich nicht Kants kategorischer Imperativ davon abhielte.

Firlefanz statt Toleranz

Bei meiner zweiten Wahl hatte auch eine Schwulen-Initiative einen Kandidaten präsentiert, der seinen Wahlkampf mit dem Motto führte: »Firlefanz statt Toleranz!« Einige seiner Anhänger erschienen in Damenkleidern, was an einen Witz erinnert, der schwäbischen Papierglauben karikiert: In einer Verhandlung vor dem Amtsgericht erschien ein Herr in Frauenkleidern. Der Richter fühlte sich verhöhnt und verbat sich energisch diesen Aufzug. Der Herr erwiderte: »Herr Richter, Sie haben mir geschrieben, in Sachen Ihrer verstorbenen Frau Mutter zu erscheinen, und das habe ich gemacht!«

Was ist Sport?

Fast ebenso schwer wie die Kunst läßt sich der Sport definieren. Brecht hat behauptet, daß Sport nicht gesund sei, denn körperliche Tätigkeit, die dazu diene, den Stuhlgang zu fördern, sei kein Sport. Es gibt ohne jeden Zweifel Tätigkeiten, die jedermann als Sport bezeichnet, die aber eindeutig nicht gesund sind, so zum Beispiel Boxen, Kunstturnen und Fußball. Der Umstand, daß jemand für eine körperliche Tätigkeit Geld nimmt, schließt nicht aus, daß es sich bei dieser Tätigkeit um Sport handelt. Auf der anderen Seite ist aber nicht jedes körperliche Tätigkeit, die bezahlt wird, als Sport anerkannt, zum Beispiel nicht das Ausschachten eines Loches, in das ein Busch eingepflanzt werden soll, oder eines Grabes. Ich bin darauf gekommen, daß die körperliche Tätigkeit als unmittelbaren Zweck keinen praktischen Nutzen haben darf, wenn sie als Sport anerkannt werden will. Wer also einen Nagel in eine Kiste einschlägt, den Fensterladen streicht oder sein Auto repariert, der treibt keinen Sport.

Gastgeber und Gast

Viele Schwaben sind insofern ungesellig, als sie ungern jemanden einladen. Nicht so sehr – wie von Menschen, die keine Schwaben sind, unterstellt wird – wegen der Kosten, sondern wegen der Unruhe im Haushalt durch die vorausgehenden Aufräumungs- und Reinigungsarbeiten. Der Gast kommt auch nicht so gern, weil der Gedanke an eine Gegeneinladung auf seinem Gemüt lastet und weil auch er den Abend lieber zu Hause vor dem Fernsehapparat verbringen würde. Aber nach außen tun Gastgeber und Gast so, als ob sie sich saumäßig auf die in Aussicht genommene Gemeinsamkeit freuten.

Ist der Gast glücklich eingetroffen, dann hofft der Gastgeber, daß er bald wieder geht. Der Gast wiederum hofft, daß er bald wieder gehen kann. Aber diese Wünsche behalten beide für sich. Denn ein weiterer Gedanke quält den Gast: Wenn ich zu früh gehe, denkt der Gastgeber, es hätte mir nicht gefallen. Deshalb bleibt er hocken. Wenn der Gast die ersten schüchternen Versuche macht, aufzubrechen, denkt wiederum der Gastgeber: Wenn ich ihn jetzt schon gehenlasse, denkt er, ich will ihn los haben. Also nötigt er ihn zu bleiben.

So halten sich Gastgeber und Gast gegenseitig davon ab, das zu tun, was beide wollen, versichern sich, daß es erst zwei Uhr morgens und viel zu früh sei, um die so erfreuliche Gemeinsamkeit zu unterbrechen; die Hausfrau serviert eine Gulaschsuppe, der Hausherr korkt noch eine Flasche auf, der Gast sagt: »Mir nix meh einschenka, i muß noch fahra.« Immer schwerer fällt es, das Gespräch in Gang zu halten und der Müdigkeit nicht durch ein herzhaftes Gähnen Ausdruck zu geben.

Schließlich fordert die Natur gebieterisch ihr Recht. Der Gast geht. Der Gastgeber unternimmt noch einen schwächlichen Versuch, den Gast zum Bleiben zu nötigen. Aber der Gast geht, das Gebotene lobend, sich dafür entschuldigend, daß er so lange geblieben, aber es sei »oifach zu schee gwä«. Die Türe schließt sich. Man ist allein. Ein Gefühl der Erleichterung ergreift Gastgeber und Gast.

Humor in Versen

Folgen der Unpünktlichkeit

Unpünktliche Menschen,
die ständig nur träumen,
oftmals das Beste
im Leben versäumen.

Er ging schon um Sechse,
sie kam erst um Sieben,
und so ist sie halt
eine Jungfrau geblieben.

Der Schürzenjäger

Keine entkam ihm,
die nicht voller Hast
geklettert war
auf den höchsten Ast.

Der Zwischenruf

Zornig rief er in den Saal,
wo sind denn Anstand und Moral?
Der Redner stockte zwar geschwind,
doch wußt' er auch nicht, wo sie sind.

Pisa-Bildung

Elbe und Rhein
fließen in die Nordsee hinein.
Von der Donau
weiß ich das nicht so genau.

Schutz vor der Informationsflut

Oh heiliger St. Fridolin
sei so nett
geleite mich im Internet.
Und führ' mich bitte nirgends hin,
wo mir verwirrt Verstand und Sinn.
Führ' mich bitte wieder raus
und schalte den Computer aus.

Gästebuchvers

Nach einem Reim ich mühsam such',
der nützlich wär' fürs Gästebuch.
Ausreichend waren Trank und Kost.
Nun zum Abschied noch mal: Prost!

Laue Gastfreundschaft

Der Hausherr schenkt nur zögernd ein,
zu kostbar ist ihm scheint's der Wein.

Ein ernster Dichter

In den Gedichten leider ist
der Witz ganz zu vermissen.
Die Muse hat ihn nicht geküßt.
Sie hat ihn wohl gebissen.

Kulturlos

Froh singt das Vöglein auf dem Ast.
Schnell hat der Kater das erfaßt.
Langsam schleicht er jetzt daher.
Schnapp! Das Vöglein singt nicht mehr.
Wenn Hunger hat die Kreatur,
hält sie nur wenig von Kultur.

Kriegsromantik

Selten hat den Krieg besungen,
wer selber mal das Schwert geschwungen.

Staatslenker

Weh dem Staate, der gelenkt
von dem, der schneller schwätzt als denkt.

Böse Erfahrung

Wo im Wind das Banner weht
die Vernunft zum Teufel geht.

Gereizt

Was er schwätzt
geht auf kei Kuhhaut.
Koi Wunder,
daß sein Opfer zuhaut.

Klage eines Unzufriedenen

Was hast du, lieber Gott, gedacht,
als du die Welt so arm gemacht.
Ständig woll'n wir mehr
und du gibst's nicht her.

Soziales Bewußtsein

Für den modernen Menschen zählt,
nicht was er hat, nur was ihm fehlt.
So stellt sich bei ihm Verdruß ein.
Das ist sein soziales Bewußtsein.

Appell an menschliche Güte

Ihr guten Menschen, habt Erbarmen.
Nehmt's den Reichen, gebt's den Armen.
Behaltet selber was Ihr könnt,
zumindest aber zehn Prozent.

Preis des Erfolges

Wer viel nimmt und wenig gibt
ist tüchtig, aber unbeliebt.

Der Denunziant

Sein geistiges Niveau ist tief.
Doch reicht's zum anonymen Brief.

Akzeptanz

Der Fuchs sprach freundlich zu der Gans:
Sie finden bei mir Akzeptanz.

So ist es auch wieder

Wer nichts erwirbt, kann nichts verlieren.
Wer nichts fühlt, kann nichts verspüren.
Wer nicht lebt, der kann nicht sterben.
Wer nichts tut, kann doch erwerben.

Heizungskosten

Der Opa hat stets kalte Füß,
weils Heizen ihm zu teuer is.
Gräßlich krächzt er aus dem Rachen.
Lang wird er's wohl nicht mehr machen.
So schlägt der hohe Ölpreis zu.
Schon bald hat er für immer Ruh
und warme Füß, die ganze Zeit,
bis in alle Ewigkeit.

Guter Entschluß

Die Grabgebühren sind zu hoch.
Da leb ich lieber weiter noch.

Späte Erkenntnis

Er war wirklich nicht zu retten.
Täglich 60 Zigaretten!
Die Gesundheit nahm's ihm krumm.
Jetzt raucht das Krematorium!
Der dunkle Rauch mahnt groß und klein,
Leute, laßt das Rauchen sein.

Rauchverbot – auch im Himmel?

Noch einmal tat er einen Huster.
Dann wurd' es um ihn zappenduster.
Nun leuchtet hell das Himmelstor.
Doch ein großes Schild stand dort davor.
Traurig lasen all die Toten:
»Rauchen ist hier streng verboten!«
Er kehrte um gleich auf der Stelle,
begab sich schnurstracks in die Hölle
und denkt, wo Feuer ist und Rauch
ist ein Plätzchen für die Raucher auch.

Erben

Das Steuerrecht vergällt den Erben
heute jede Freud am Sterben.

Trost

Ach, in prächt'ger Marmorgruft
ruht so mancher böse Schuft,
während häufig, wer stets gut,
im letzten Friedhofswinkel ruht.

Doch besser unter grüner Matte
als unter schwerer Marmorplatte.
Am jüngsten Tag könnt' man's erleben:
Die Platte ist nicht anzuheben!

An einen verstorbenen Rentner

Du siehst den Garten nicht mehr grünen,
in dem du einst so froh geschafft,
siehst deine Blumen nicht mehr blühen,
weil dich der Tod hinweg gerafft.
Jetzt müssen wir uns selber regen.
Die Aussicht, die ist zum Erschrecken,
wir selber unsern Garten pflegen.
Wer mäht den Rasen, stutzt die Hecken?

Der Fleiß lebt weiter

Sein Leben lang war er beschäftigt.
Hektisch schaffte er und heftig.
Asche, seine irdische Spur,
schafft weiter in der Eieruhr,
wo sie emsig runter rinnt,
bis die Eier fertig sind.
In die Uhr sie reinzufüllen
verfügte er im letzten Willen.

Für Lebensfrohe

Klopft der Tod an deine Tür,
rufe laut: »Ich bin nicht hier!
Meiner Nachbarin hingegen,
käm wohl dein Besuch gelegen.«

Land und Leute

Badens Einfluß auf Württemberg

Daß Baden-Württemberg ein schönes Land ist, ist die überwiegende Meinung seiner Bürger. Freilich weisen einige auf Ausnahmen von der Regel hin, zum Beispiel auf die Landeshauptstadt Stuttgart, die nach allgemeiner Landesmeinung viel zu groß geraten ist (obwohl sie nicht einmal die Hälfte der Einwohner der Stadt München hat). Das Mißtrauen gegen Stuttgart galt schon im alten Württemberg als Christenpflicht. In einer Bezirksbeschreibung aus der Mitte des 19. Jahrhunderts steht zu lesen, daß der Einfluß dieser Stadt auf die Bevölkerung der umliegenden Dörfer nicht sehr günstig sei. Aber es wurde damals Stuttgart immerhin zugebilligt, daß es schön sei.

Das hört man heute nicht mehr. Um so mehr wird der in der Stadt Stuttgart verbaute Beton kritisiert; die Anarchisteninschrift »Schade, daß Beton nicht brennt« findet man nirgends so oft wie in der Landeshauptstadt. Ich als ihr ehemaliger Oberbürgermeister halte diese natürlich für schön, aber ich sage das nicht so deutlich, da solche Äußerungen Neid erwecken könnten. Und vor Neid fürchtet sich der Schwabe, zumal er selber diesen nicht immer ganz unterdrücken kann, auch wenn er sein gesamtes Christentum zum Einsatz bringt.

Das Land Baden-Württemberg ist ein Land von großer Vielfalt. Die meisten seiner Bürgerinnen und Bürger sind Alemannen und Schwaben, auch wenn viele von ihnen letzteres gar nicht sein wollen. Unsere badischen Landsleute sind empört, wenn wir Stuttgarter darauf hinweisen, daß auch wir Alemannen sind, freilich mit einer anderen Sprache, und daß die Grenze zu den Franken nördlich von Stuttgart und Karlsruhe liegt. Zum Herzogtum Schwaben haben wir alle gehört, sogar einschließlich der Elsässer, der Vorarlberger und der Schweizer. Dennoch gilt das Wort »Schwab« in der Schweiz und in Teilen von Südbaden als Schimpfwort. Nun mögen unsere Schweizer Nachbarn hierfür gewiß gute Gründe haben, aber unsere badischen Landsleute können wir nicht ganz verstehen mit ihrer Voreingenommenheit gegen das Schwäbische.

Das Land Baden-Württemberg ist nach dem Zweiten Weltkrieg aus den Ländern

Württemberg-Baden, Württemberg-Hohenzollern und (Süd-)Baden entstanden – eine politische Leistung, vor der man noch heute in tiefster Ehrfurcht steht. So sind wir gehalten, uns auf Gemeinsames zu besinnen. Zu diesem Gemeinsamen zählt, wie erwähnt, die Geschichte. Insbesondere hat Napoleon sowohl für Baden wie auch für Württemberg Gutes getan. Vor Napoleons Eintreffen befanden sich die Verhältnisse im Südwesten in der allergrößten Unordnung, die Kleinstaaterei trieb nirgends so üppige Blüten. Und wenn der schwäbische Philosoph Hegel das Heilige Römische Reich Deutscher Nation als eine konstituierte Anarchie beschreibt, dann traf dies vor allem auf das heutige badenwürttembergische Gebiet zu.

Napoleon, als Soldat jeder Unordnung abhold, löste das Problem der staatsrechtlichen Zersplitterung dadurch, daß er alle möglichen Herrschaften den Häusern Baden und Württemberg angliederte. Der württembergische Herzog wurde zum König befördert, der badische allerdings nur zum Großherzog, was die Württemberger heute noch freuen würde, wenn sie ihre badischen Mitbürger nicht so sehr schätzten.

Die Badener haben auf die Württemberger einen verfeinernden Einfluß gehabt, auch die alemannischen Badener. Von besonders verfeinernder Wirkung war freilich der Einfluß der Franken, die im Norden des Landes leben. Die Franken waren immer schon gewandter und höflicher als die Alemannen. Es wird beispielsweise gesagt, daß dort, wo ein alemannischer Schwabe seinen Nachbarn beschuldigte: »Du hast mir mein Beil gestohlen«, ein Franke sagen würde: »Seitdem du das letztemal bei mir warst, fehlt mir mein Beil.« Läßt sich der unerfreuliche Sachverhalt eleganter ausdrücken?

Es muß auch bemerkt werden, daß die Altwürttemberger überwiegend evangelisch sind, und wenn die Württemberger etwas sind, dann sind sie es richtig. Die Religion verlangte auf der einen Seite fleißige Arbeit, was zwangsläufig mit Geldverdienen verbunden war, auf der anderen Seite verbot sie aber fast alles, wofür man Geld ausgeben konnte, als Sünde. Eine Ausnahme hiervon galt für den württembergischen Wein, dem allenfalls nur noch der badische gleichkommt. Offen gestanden, der württembergische Wein war manchmal etwas sauer, aber ein rechter

Württemberger hatte Patriotismus genug, um sich über diese Kleinigkeit hinwegzusetzen.

Es gibt aber auch viele katholische Württemberger, insbesondere im Süden des Landes. Dort ist man lustig, den Sinnenfreuden zugeneigt und manchmal fast etwas leichtlebig. Es gibt auch evangelische und katholische Badener, nur ist dort der Wesensunterschied geringer, weil Baden durch die christliche Gemeinschaftsschule liberalisiert worden ist. Rechnet man noch unsere Heimatvertriebenen und Flüchtlinge, aber auch Ausländergruppen hinzu, die zum Teil seit Jahrzehnten bei uns wohnen, so ist es nicht falsch, unser Land als multikulturell zu bezeichnen. Und darauf sind die Aufgeklärten stolz. Wir sind sicher, daß noch etwas Großes aus uns wird.

Die schwäbische Nudel

Die Fürsten unter den Nudeln sind die Spätzle. Eigentlich sind dies auch keine Nudeln, aber da Heinrich Heine sie als solche bezeichnet hat (in »Atta Troll«, wo der in einen Mops verwandelte Dichter sagt: »Wenn man Nudeln kocht in Stukkert«), will ich diesen Begriff hingehen lassen. Die Unsitte, Spätzle mit Hilfe einer Spätzlesmaschine herzustellen, das heißt, den Spätzlesteig durch Löcher zu pressen, ist durch die Fortentwicklung einer Maschine, die wir dem ehemaligen Regierungspräsidenten Professor Bulling verdanken, gleichsam geadelt worden. Aber eigentlich müssen die Spätzle von einem Spätzlesbrett herunter von kundiger Frauenhand in kochendes Wasser hineingeschabt werden. Hausfrauen, die Verantwortung für eine vielköpfige Familie tragen, sehen danach mit ihrem geröteten Antlitz und ihren gekräuselten Haaren allerliebst aus – verdienter Lohn für viel Arbeit.

Auswärtigen Besuchern habe ich früher erzählt, daß die Kunst der Spätzlesherstellung ein römisches Erbe sei. Die alten Germanen hätten die Römer beim Verzehr ihrer Makkaroni und Spaghetti voll Bewunderung beobachtet. Sodann hätten sie mit ihren dicken Wurstfingern versucht, diese ebenfalls herzustellen, und, als das nicht gelang, den Teig einfach mit ihren Schwertern in das kochende Wasser geschabt. Schließlich hätten sie diese mühsame Arbeit den Damen überlassen. Die Wahrheit ist das nicht. Vielmehr sind die

Spätzle aus China nach Italien und von dort nach Süddeutschland gekommen.

China ist das Ursprungsland der Nudel. Wie alle großen Küchen, auch die schwäbische, ist die chinesische die Kunst der Resteverwertung. Was in dem Urzustand nicht mehr gegessen wird, kommt in anderer Form auf den Tisch und wird dann anstandslos verzehrt. Um solchen Resteverzehr zu gewährleisten, ist die Maultasche sehr geeignet. Unter ihrem Teigmantel verborgen, finden sich die übriggebliebenen Speisen der Vortage wieder. Durch kunstvolle Mischung und Beimengung werden Geschmacksnuancen erreicht, die, mit entsprechenden Gewürzen behandelt, geradezu exotische Qualität haben können. Bleiben dennoch Maultaschen übrig, werden diese mit Eiern oder Schinken in der Pfanne gebraten. Seit einiger Zeit werden Luxusmaultaschen hergestellt, die mit Lachs, Gänseleber und weiß der Teufel was sonst noch gefüllt sind. Das sind jedoch Degenerationserscheinungen.

In China, nämlich in Xiang, gibt er vielleicht 20 oder auch 40 Arten von Maultaschen, die von der chinesischen Küche im Rahmen von Menüs mit über zehn Gängen serviert werden. Bei uns ist die emsige Hausfrau schon nach drei Gängen halb tot. Wie kommt das?

Grund ist die Unsitte des ständigen Geschirrspülens, und diese wird dem Volk durch eine Geschirrspülmittelwerbung regelrecht aufgezwungen, welche unsere Damen als Zubehör zur Kücheneinrichtung darstellt.

In der alten Kulturnation China bekommt man meistens einen Napf, in dem nach wohlüberlegten Gewohnheiten eine Speise nach der anderen verzehrt wird. Bei uns soll ständig frisch gespültes Geschirr, sollen blitzende Gläser angeboten werden. Bei zwölf Gängen und zwölf Personen wären das 144 Teller. Wer hat soviel Geschirr? Laufend zu spülen, ist schwierig, wenn im Topf die Spätzle sprudeln und in der Pfanne die Bubenspitzle brutzeln, der Kartoffelsalat noch nicht angemacht ist und es auch noch nach angebrannten Zwiebeln riecht. Hinsichtlich des Geschirrs lasse man sich von der chinesischen Kultur belecken, und neue Möglichkeiten werden sich der schwäbischen Küche eröffnen.

Schupfnudeln beziehungsweise Bubenspitzle enthalten auch Kartoffeln. Ohne die Entdeckung Amerikas könnten wir sie nicht herstellen. Woher der Name »Bubenspitzle« herrührt, kann sich jeder selbst denken. Wenn nicht, frage er seine Tischnachbarin oder seinen Tischnachbarn. Er wird dann auch einige Anzüglichkeiten zu hören bekommen, die er weitererzählen kann.

Die Kartoffel ist auch Grundsubstanz des gleichnamigen schwäbischen Salats. Aber bleiben wir bei den Nudeln. Es gibt weitere Nudelsorten, vor allem die landespolitisch berühmt gewordenen Eiernudeln, die, von manchem Verdacht gereinigt, sich heute wieder eines glänzenden Rufes und allgemeiner Beliebtheit erfreuen. Es gibt dünne und dicke Nudeln. Dünne Nudeln mit einer dünnen Sauce, dazu noch Kartoffelsalat sind ein sicheres Mittel, um Krawatten oder Oberhemden zu ruinieren und den Weg zu entsprechenden Neuanschaffungen freizumachen. So dient eines dem anderen.

Politisches Backwerk

Stuttgart wurde schon 1320 von dem Grafen Eberhard dem Erlauchten zur Haupt- und Residenzstadt erhoben, was seine wichtigste Tat war, denn in einem Geschichtsbuch aus dem Jahre 1847 heißt es: »Etwas weiteres für die Stadt zu tun, verhinderte den Grafen sein kurz darauf erfolgter Tod.«

Es gab im übrigen eine ganze Menge Eberhards unter den württembergischen Fürstlichkeiten, etwa Eberhard den Greiner, der den bösen Heller schlagen ließ, bis ihm dies 1385 König Wenzel verbot – ein moderner Finanzpolitiker; Eberhard den Milden, der 1396 neue Heller und Schillinge herstellen ließ mit der Aufschrift: »Moneta in Stutengarten« – Geld aus Stuttgart; und Eberhard Ludwig, der 1699 eine Müller- und Backordnung erließ. Heute, in einer Welt der Vorschriften, kann man sich gar nicht vorstellen, daß die Bäcker auch ohne Paragraphen backen konnten.

Die Schwaben waren immer stolz auf ihr Backwerk: auf die Laugenbrezel, ein wegen seiner Hohlräume und seiner Verschlungenheit fast politisches Backwerk. In der Tat fand die Brezel früher, als Gebhard Müller noch Ministerpräsident von Baden-Württemberg und der Landeshaushalt gesund war, bei Empfängen der Landesregierung Verwendung, und zwar ohne mit – hochdeutsch – der Butter oder – schwäbisch – dem Butter in

Berührung gekommen zu sein. Das ist schon lange her. Damals waren die Löcher nur in der Brezel, heute sind sie auch im Landeshaushalt.

Die Schneckennudel verdient noch erwähnt zu werden, ein Backwerk, das auf den gleichen Konstruktionsprinzipien beruht wie die Ammoniten, die einst das Jurameer bevölkerten, welches weite Teile Württembergs bedeckte. Diese Ammoniten finden sich bei uns in gewaltigen Mengen als Versteinerungen, wie ja Württemberg überhaupt das Land der Versteinerungen ist, was sich gelegentlich auch in unserer Verwaltungspraxis zeigt.

Ohne das Bäckerhandwerk wäre die schwäbische Sprache ärmer, etwa ohne die Möglichkeit, Ausführungen anderer als »teigigs Gschwätz« zu bezeichnen, oder Ansichten anderer für »altbache« zu halten oder die Autorität und das Ansehen anderer durch den Hinweis untergraben zu können: »Der isch doch net reacht bache.«

Es ist gut, daß der Schwabe in der Politik am Althergebrachten festhält, freilich geht seine Vergoldung der Vergangenheit manchmal etwas zu weit. Die Nostalgie, also die

Fähigkeit, darüber zu trauern, daß es nicht mehr so ist, wie es früher nicht gewesen ist, ist weit verbreitet, besonders bei den Jungen und bei denen, die noch jung sein wollen. Da tut es manchmal ganz gut, sich vor Augen zu führen, wie es wirklich gewesen ist. Früher hat das Wort »Unser täglich Brot gib uns heute« einen sehr klaren Sinn gehabt. Heute liegt die Gefahr nicht im Hunger, sondern im Übergewicht.

Aber in den Menschen ringt die Sorge vor dem Übergewicht mit den Bedenken dagegen, etwas kaputtgehen zu lassen. Meistens siegen die zuletzt genannten Bedenken, so daß die Bemerkung des Knaben über seinen die Essensreste verdrückenden Vater: »Wenn mir de Vatter net hättet, müßtet mir a Sau herdo« heute noch aktuell wäre, wenn die modernen Siedlungsformen noch Platz für Nutzviehhaltung ließen.

Das Verschlingen von 500 Kalorien zuviel am Tag trägt nicht zur Bekämpfung des Hungers in der Welt bei, aber es beruhigt das Gewissen, und das ist auch etwas wert, wie ich aus eigener Erfahrung weiß.

Das schwäbische Gewissen – wir Schwaben haben ein Gewissen! – verbindet sich mit einem gut entwickelten Sinn für das Praktische. Der Gedanke, den untauglichen Versuch einer Wiederholung des Wunders der himmlischen Brotvermehrung zu unternehmen, liegt uns Schwaben an sich fern, wenngleich wir, wenn wir in der Politik tätig sind, auch hierzu fähig werden können, freilich jeweils mit Mißerfolg, weil es an der Heiligkeit fehlt, die für ein solches Wunder notwendig ist.

Im ganzen wissen wir, daß wir etwas schaffen müssen, wenn wir zu etwas kommen wollen. Ein Weingärtner hat einmal einen verunkrauteten Weinberg wieder in Ordnung gebracht. Als der Pfarrer vorbeiging und sagte: »Da sieht man, was mit Ihrer und Gottes Hilfe geleistet wurde«, antwortete der Weingärtner: »Sie hättet emol des Stückle sehe solle, wo es unser Hergott no alloi bewirtschaftet hot.«

Wein und Kultur

Die Baden-Württemberger sind stolz auf ihren Wein. Der frühere Finanzminister Hermann Müller ist zu Beginn der sechziger Jahre einmal wegen Trunkenheit am Steuer verurteilt worden. Er hat diesen Vorgang so geschickt ausgenützt, daß er durch ihn vollends zum Volkshelden geworden ist. Er war eine Persönlichkeit, die bewies, daß die größte Tugend dieses Landes – die Sparsamkeit – durchaus mit der größten Freude – dem Weingenuß – in Harmonie leben kann. Er war überdies ein typischer Vertreter schwäbisch-fränkischer Bescheidenheit. Als er um das Amt des Vorsitzenden der Finanzministerkonferenz kandidierte, soll er zu den Wahlberechtigten gesagt haben: »Ihr müsset mi doch wähle, i bin doch der Bescht!« Da dies wahr war, wurde er auch gewählt.

Der Weingenuß gehört neben der Freude an geistlicher Musik zu den wenigen sinnlichen Vergnügungen, die der schwäbische Protestant sich genehmigen darf. Der Sachse Martin Luther soll bekanntlich gesagt haben: »Wer nicht liebt Wein, Weib und Gesang, der bleibt ein Narr sein Leben lang.« Der Göttinger Philosoph Lichtenberg hat aber hinzugefügt: »Doch ist, wenn einer ein Freund von Weibern, Sang und Krug ist, dies kein Beweis, daß er deswegen klug ist.« So ist es dann auch wieder.

Dieses »auch wieder« ist im übrigen das philosophischste Wort in diesem Lande, weil es dazu dient, die größten Widersprüche in einem Zusammenhang zu bringen. Auf dieser Fähigkeit beruht im wesentlichen der Rang der schwäbischen Philosophen, nicht auf dem präzisen, aber meistens falschen »entweder – oder«. Sogar im 16. Jahrhundert – 1558 – hat die Stuttgarter Geistlichkeit das Verhältnis der Kirche zum Wein bereits dialektisch formuliert, indem sie weder ja noch nein gesagt, sondern es bedauert hat, daß das Zutrinken zwar abnehme, das Volltrinken aber zunehme.

An der kulturbildenden Kraft des Weines ist kein Zweifel möglich. Friedrich Nietzsche hat nachgewiesen, daß die attische Tragödie aus einer Verbindung der dionysischen Kunstform des Rausches und der emotionalen Erregung mit der apollinischen Kunstform des Traumes entstanden sei. Die Verbindung von emotionaler Erregung und Traum findet sich auch in der Politik, wo sie ebenfalls Tragödien hervorbringen kann, leider nicht nur auf der Bühne, sondern in der wirklichen Welt.

Daß der Wein, wenn nicht im betäubenden Übermaß genossen, die Kunst beflügelt und die Dichterzunge löst, daran besteht kein Zweifel. Was wären unsere schwäbischen Dichter, von Justinus Kerner bis Schubart, ohne den Wein gewesen?

An letzterem zeigte der damalige Herzog Karl Eugen seine guten und schlechten Seiten: Seine schlechte Seite war, daß er Schubart ohne jeden Grund auf der Festung Hohenasperg einsperren ließ, seine gute Seite, daß er ihn nach zehn Jahren wieder herausließ und ihn sogar in den Staatsdienst übernahm, woran seinen Nachfolger heute der Radikalenerlaß hindern würde. Wenn man Karl Eugen mit Lothar Späth vergleicht, dann zeigt sich ein aufwärts weisender Weg, um in der Kunstsprache Richard Wagners, dem Stabreim, zu sprechen.

Richard Wagners wichtigste Verbindung zu Schwaben war übrigens, daß er einmal versuchte, als Tübinger Professor verkleidet über die Schweizer Grenze zu gelangen. Hierzu bemühte er sich eine ganze Nacht lang, den schwäbischen Dialekt zu erlernen, was ihm aber nicht gelang.

Es gibt Stabreime, es gibt Gedichte, die gar keinen Reim haben, in die dafür viel Sinn hineingepackt ist. Man merkt den meisten dieser Gedichte an, daß sie im Zustand völliger Nüchternheit, sozusagen bei Mineralwasser und Spalttabletten, abgefaßt worden sind. Ein richtiges, dionysischer Verfassung entsprungenes Gedicht reimt sich hinten. Man könnte sagen: »Wer dichtet, was sich nicht hinten reimt, der hat das Wichtigste verseimt.«

Um das zu beweisen, will ich einige Gedichte aus eigener Feder vortragen, nämlich drei, im Erfolgsfalle vielleicht mehr, und zwar ein Weingedicht, ein politisches Gedicht und ein dramatisches Gedicht. Zunächst das Weingedicht. Es lautet:

Wer Rotwein sucht und keinen findet,
den Schmerz nur langsam überwindet.

Erlauben Sie mir bitte eine kurze literaturwissenschaftliche Erläuterung: Das Gedicht ist vor allem auch kurz. Ich möchte nichts gegen Schiller sagen, aber seine Gedichte sind entschieden zu lang und deshalb für das Fernsehen ungeeignet, wo die Devise regiert: Je kürzer, desto besser. Diesen Fehler der Länge habe ich behoben. Mein Gedicht sagt zwar nicht viel, aber sein Sinn erschließt sich sofort.

Mein politisches Gedicht knüpft daran an, daß Ferdinand Oechsle, der Erfinder des Oechsle-Grades, aus Baden stammt. Das Gedicht lautet:

Lieber hoher Oechsle-Grad
als Becquerel im Blattspinat.

Dieses Gedicht enthält im Unterschied zu den meisten politischen Erklärungen eine Aussage darüber, was für falsch und was für richtig gehalten wird.

Bevor ich mein dramatisches Gedicht vortrage, müßte ich zart besaitete Gemüter eigentlich bitten, nicht weiterzulesen, aber das lohnt sich nicht, denn dieser Vers hat ebenfalls den Vorzug der Kürze. Er trägt die Überschrift: »Der sterbende Zecher spricht«, und es lautet:

Jetzt beende ich mein Leben,
Geld kann ich Dir keines geben;
doch nimm einen Rat von mir:
Hab' stets bei Dir
einen Korkenziehr.

Dieses Gedicht ist besonders schwäbisch, weil es das Vorurteil bestätigt, daß der, der gerne Wein trinkt, zwar ein schlechter Erblasser ist, weil er kein Geld hat, aber ein guter Ratgeber in praktischen Fragen.

Nicht nur der Dichter bedarf der Beflügelung und Ermutigung, auch der Politiker, denn er hat viele Gegner, die manchmal leider auch nicht davor zurückschrecken, ihn beim Reden zu stören. Zu den gefährlichsten Gegnern gehören die Betrunkenen, wobei die durch Wein Berauschten noch einigermaßen erträglich sind, weil sie ihren Unmut darüber, daß ein anderer redet als sie, nur durch ein unwirsches Brummen kundzutun pflegen.

Dagegen ist der Inhaber eines Bierrausches eine große Gefahr. Ich habe früher oft Sonntag morgens in Bayerisch Schwaben in Wirtshäusern gesprochen und bin dabei zutiefst verunsichert und psychisch gestört worden, weil ich feststellen mußte, daß die Zuhörer den Berauschten lieber lauschten als mir.

Wenn etwa Ausführungen über die Marktwirtschaft mit dem Zuruf kommentiert werden: »Eine Gastwirtschaft ist mir lieber«, oder wenn einer während der Rede wiederholt schwankend aufsteht und die Frage stellt, ob ihm die CSU ein Bier zahlt, dann wird jeder große Gedanke auf den Grenzwert Null verkleinert.

Die verdrängte Sehnsucht des Schwaben nach Konsum

Essen und Trinken spielen in Politik, Wirtschaft und Gesellschaft eine große Rolle, besonders in Form des Arbeitsessens. Es gibt das einfache und das gehobene Arbeitsessen. Das einfache Arbeitsessen dient der Zeitersparnis und besteht im württembergischen Landesteil in der Regel aus gebutterten Laugenbrezeln. Diese machen die Finger fettig. Die Folge sind Fettflecken in den Akten. Um wegen dieser Fettflecken nicht schief angesehen zu werden, empfiehlt es sich, die Urheberschaft abzuleugnen, etwa durch den Vermerk: »Vorstehender Fettfleck stammt nicht von dem Unterzeichneten.«

Das gehobene Arbeitsessen dient der Lähmung von Geist und Willen bei Verhandlungspartnern und besteht aus mehreren Gängen und Weinen. Besonders günstig ist im übrigen die Verabreichung von Nudeln oder Spätzle mit einer dünnen Sauce, weil deren Verzehr schwierig ist, wenn man Krawatte und Anzug nicht bekleckern will. So läßt sich eine zusätzliche Ermüdung erreichen. Der gleiche Effekt ist auch mit Hummern zu erzielen, aber auf kostspieligere Weise. Wenn man in den Hummer hineinsticht, kommt meistens der Saft dort heraus, wo man es nicht vermutet.

Die meisten Ergebnisse bei Verhandlungen werden nicht aus Einsicht erreicht, sondern durch Ermüdung, einfach deshalb, weil die Kraft erlahmt, über die Sache weiterzureden. Das merkt man manchen Verhandlungsergebnissen an.

Wir Schwaben stehen im Rufe, enthaltsam und sparsam zu sein. Hier muß zwischen Reputation und Realität unterschieden werden. Zur Reputation gehören ergreifende Geschichten von Schwaben auf dem Totenbett, die mit bereits ersterbender Stimme nach einer Spätlese riefen, aber von ihren resoluten Gattinnen abgewiesen wurden. Oder die Geschichte von dem ebenfalls im Sterben liegenden Schwaben, den es nach einem Zibebenwein gelüstete und der zur Antwort erhielt: »Jetzt ischt auszibebelet, jetzt wird gschtorbe.«

In der Realität ist dieser altschwäbische Geist im Begriffe zu entweichen. Wir Älteren sehen dies mit Bestürzung, so wie bereits unsere Vorfahren mit Bestürzung uns aufwachsen gesehen haben. Und unsere Vorfahren aßen nach ihren eigenen Schilderungen immer das, was zu verderben im Begriffe war: Fallobst und im Winter angefaulte Äpfel. Der älteste Most wurde zuerst getrunken, auch wenn er bereits Fäden zog.

Angesichts solcher Geschichten könnte man leicht dem Irrtum verfallen, die alten Schwaben seien gar keine Genußmenschen gewesen. Sie hätten eine Freude an der Enthaltsamkeit gehabt, seien also gar nicht aus moralischen Gründen enthaltsam gewesen, denn bekanntlich ist das, was den Menschen freut, in der Regel nicht moralisch, sondern moralisch sein heißt, etwas tun, was einen nicht freut. Aber eine solche Theorie würde den Schwaben mißverstehen.

Der Schwabe sehnt sich in Wirklichkeit nach Konsum, aber er verdrängt diese Sehnsucht in sein Unterbewußtsein, aus dem sie in Form von seltsamen Gedanken, im günstigsten Falle in Gestalt von Literatur und Kunst, im weniger günstigen Falle in Form von politischen Vorurteilen wieder zum Vorschein kommt.

Die Sehnsucht des Schwaben nach Konsum, Ausschweifung, Lusterlebnis läßt sich belegen etwa durch das bekannte Wort: »Man ahnt gar nicht, wieviel in den Menschen nei goht, wenn er es net selber bezahlen muß«, oder durch fast an Lästerung grenzende Sprüche wie: »Beim Essen vorliege, beim Trinken zurückliege, und beim Schaffe nahliege«, oder: »Besser an Ranzen vom Essen als an Buckel vom Schaffe.«

Der Hang zur Sparsamkeit hat in Wirklichkeit die schwäbische Küche verfeinert. So ist auch die Beliebtheit der Maultaschen zu erklären: Man sieht nicht, was drin ist. Es heißt, daß im 19. Jahrhundert die Zensur den Stil verfeinert habe. Ich weiß nicht, ob das richtig ist. Aber eines ist bestimmt richtig: Der Mangel verfeinert die Küche. Darum sollte man die schwäbische Sparsamkeit nicht geringschätzen. Der bekannteste Sohn Stuttgarts, der Philosoph Hegel, hat ein Haushaltsbuch geführt, in das er alle Ausgaben eingetragen hat. Auch ein genauer Geist kann ein großer Geist sein.

Ich habe darauf hingewiesen, daß das, was den Menschen freut, in der Regel nicht moralisch ist. Aber es ist deshalb nicht zwingend unmoralisch. Es gibt verschieden zu bewertende Freuden. Die Freude am guten Essen ist jedenfalls in der Bibel nicht negativ bewertet, wohl aber die Lust, viel zu essen, vor allem auf fremde Kosten.

Der Vielfraß ist ein biblischer Sündertypus, nicht aber der Feinschmecker. Bei Jesus Sirach heißt es: »Iß wie ein Mensch, was dir vorgesetzt ist, und friß nicht zu sehr, auf daß man dir nicht gram werde.« Es heißt dort weiter: »So du an des reichen Mannes Tische sitzest, denke nicht, hier ist viel zu fressen.« Schließlich wird dem Vielfraß das Grimmen und Bauchweh angedroht.

Nach diesen biblischen Stellen bin ich wieder beim Paradies. Vom himmlischen Paradies wissen wir vor allem nur das eine: »Es wird uns an nichts mangeln.« Schon deshalb ist ein irdisches Paradies nicht möglich, weil die Erfindungskraft des irdischen Menschen unbegrenzt ist, was seine Fähigkeit anbetrifft, sich auszudenken, was ihm noch fehlt. Der irdische Mensch interessiert sich weit mehr für das, was ihm fehlt, als für das, was er hat.

Putzteufel und Kehrwoche

Die Deutschen allgemein, aber die Schwaben und die Badener im besonderen, rühmen sich eines nachhaltigen Strebens nach Reinlichkeit. In der Kaiserzeit soll einmal ein Leutnant seinen Soldaten mitgeteilt haben, daß der deutsche Soldat der sauberste der Welt sei. Mannschaften wechselten einmal in der Woche das Hemd, Unteroffiziere zweimal, Offiziere dreimal. Da meldete sich ein Soldat und fragte: »Wie oft wechseln Seine Majestät der Kaiser das Hemd?« Daraufhin der Leutnant: »Mein lieber Mann, bei Seiner Majestät dem Kaiser, da geht's den ganzen Tach: Hemd an, Hemd aus.«

In der Hohen Karlsschule, der von Herzog Karl Eugen von Württemberg unterhaltenen Pflanzstätte für Genies, die einen Schiller und einen Dannecker hervorbrachte, bekamen die adligen Studenten dreimal in der Woche neue Hemden, die bürgerlichen nur zweimal. Ich weiß nicht, ob das als Kompliment für den oder als Kritik an dem Adel aufzufassen ist. Ich weiß auch nicht, wie oft Karl Eugen das Hemd gewechselt hat.

Jedenfalls hat er die bürgerlichen Studenten, denen ursprünglich nur der Rockkuß gestattet war, zum Handkuß zugelassen, was wohl weniger eine frühdemokratische Geste des Fürsten war, sondern eher eine reinigungstechnische Maßnahme; denn wen der Küssende vorher eine fettige Mahlzeit eingenommen hat, läßt sich die Hand des Geküßten leichter reinigen als der Rock. Aber das sei dahingestellt. Ich will nur illustrieren, daß das Streben nach Sauberkeit bei uns bis in die höchsten Kreise hinein zu den Nationaltugenden zählt.

Dieses Streben führt leider auch zu Kritik an der Stadt Stuttgart. Während ausländische Besucher mir immer wieder Komplimente gemacht haben, wie sauber unsere Stadt sei, behaupten viele Stuttgarter, daß die Sauberkeit zu wünschen übriglasse. Es ist wahr, daß in den Straßen und Anlagen vieles weggeworfen wird: Papier, Bananenschalen (Unfallgefahr!), Zigarettenschachteln, Bierdosen, Zigarettenkippen, Wursthäute, Pappbecher. Auch die Hunde leisten verbotswidrig ihren Beitrag zur Stadtverunreinigung.

Nicht alle Menschen stimmen in der Frage des eigenen Beitrags zur städtischen Sauberkeit überein. Aber Übereinstimmung herrscht, daß die Stadt »hinterherputzen« muß und dies nicht im gebotenen Maße tut. Dabei strengt sich unser qualifiziertes Stadtreinigungsamt sehr an, unter Inanspruchnahme der besten Technik. So ist der Mensch.

Als meine Tochter noch ein kleines Kind war und ihre Bauklötze, Puppen und Autos im ganzen Zimmer verstreut hatte, sagte sie zu mir: »Jetzt mach mal Sauberkeit.« Diese Aufforderung verfolgt mich auch jetzt. Ganz den Wünschen nach mehr Sauberkeit zu entsprechen, wird uns im Lande der Kehrwoche – die im übrigen nicht aufgehoben ist, wie es vereinfachend in den Medien dargestellt wurde – wohl nie gelingen.

Der harte Kern der schwäbischen Reinlichkeitsbewegung sind die schwäbische Hausfrau und ihr Ordnungsstreben. Ich weiß nicht, wie es bei der Jugend aussieht, aber unter den Hausfrauen meiner Generation gibt es wahre Reinlichkeitsfanatikerinnen, auf schwäbisch: Putzteufel. Ein Herr aus Feuerbach sagte mir einmal: »Mei Gattin schmeckt de Dreck.« Damit meinte er, daß die Gattin den Dreck geradezu rieche, um ihm mit dem »General«, mit »Meister Propper«, Wurzelbürste, Schrubber, Wischmop usw. zu Leibe zu rücken. Der Herr aus Feuerbach teilte mir auch mit, daß er sich am Kampf um Reinlichkeit allenfalls dadurch beteilige, daß er seine Füße lupfe, wenn gekehrt oder staubgesaugt werde. Mehr werde von ihm auch nicht erwartet.

Dies berührt ein heikles Thema, nämlich das der Gleichberechtigung bzw. Gleichverpflichtung bei der Hausarbeit. Ich glaube, daß die Reinigungstechnik in dieser Hinsicht manchen grundlegenden Familienzwist verhindert und manchen Beitrag zur Milderung des in unserer Gesellschaft tobenden Geschlechterkampfes geleistet hat. Denn was die Technik macht, um das braucht man sich schon nicht zu streiten. Einige Reinigungsmaschinen sind so funktionstüchtig, daß es in manchen Haushalten Streit darüber geben soll, wer mit ihnen schaffen darf.

Nach meiner Erfahrung sind die Frauen den Männern in vielerlei Hinsicht überlegen. In einem Punkt sind sie hoffnungslos unterlegen: Sie können Unordnung, Schmutz und Staub weniger gut aushalten als die Männer.

Männer können mit unabgedeckten Eßtischen, ungespültem Geschirr, nicht abgestaubten Buffets gut und lange leben. Sie können auch auf Zeitungspapier vespern und auf Teppichen herumlaufen, aus denen die Staubwolken emporsteigen.

In Prediger 3, Vers 20 heißt es: »Es ist alles aus Staub geworden und wird wieder zu Staub.« Eine Mutter sagte einmal in einer besinnlichen Stunde zu ihrem kleinen Sohn: »Wenn wir tot sind, dann werden wir wieder zu Staub.« Daraufhin der Sohn: »Dann ist aber unter der Oma ihrem Bett mindestens *einer* gestorben.«

Der Schwabe und das Reisen

Goethe hat zwar in Wilhelm Meisters Lehrjahren, also gleichsam literarisch und offiziell, die Behauptung aufgestellt, daß ein gescheiter Mensch auf Reisen die beste Bildung erfahre. Im privaten Kreise, im Gespräch mit Eckermann, hat er diese Behauptung jedoch stark eingeschränkt, indem er sagte, man komme gewöhnlich von einer Reise zurück, wie man gegangen sei, ja man müsse sich hüten, nicht mit falschen Gedanken zurückzukommen. Er, Goethe, habe beispielsweise aus Italien den Begriff der schönen Treppen zurückgebracht, und er habe dadurch sein Haus verdorben oder, wie der Schwabe sagt, versaut.

Goethe war natürlich auch in Stuttgart, wo er im damals besten Haus am Platze, dem »Römischen Kaiser«, logierte. Freilich erhielt er dort nächtlichen Besuch, und zwar durch Wanzen, die ihn veranlaßten, als er erneut nach Stuttgart kam, in dem bescheideneren, aber wanzenfreien Gasthof »Zum Adler« abzusteigen.

Inzwischen haben sich die Verhältnisse nachhaltig verbessert, nicht nur durch Ausrottung der Wanzen, sondern ganz allgemein. Die Zeiten, in denen der Wirt dem Gast empfahl, die Toilette doch möglichst mittags aufzusuchen, weil dann die Fliegen in der Küche seien, sind endgültig vorbei.

Wir haben die große weite Welt in Besitz genommen. Gerade die Schwaben, bei denen die Neugier wesentlich stärker entwickelt ist als Trägheit und Sparsamkeit. Der Schwabe ist nicht verwundert, wenn er an den unmöglichsten Orten in der Welt schwäbisch angesprochen wird und wenn durch die ungewöhnlichste Sprache der schwäbische Ursprung des Sprechenden in Gestalt unverlierbarer Nasale durchkommt. Nein, der Schwabe wundert sich nicht, wenn auch andere schwäbisch können. An einem Empfang des amerikanischen Präsidenten Kennedy soll einmal ein Schwabe teilgenommen haben. Als der Präsident zu ihm kam und sich vorstellte: »Kennedy«, meinte der Schwabe: »I glaub net.«

Wo den Deutschen Goethe nah ist, ist Schiller nicht weit. Schiller schrieb am 27. November 1788, es sei ihm immer ein unausspprechliches Vergnügen, sich in möglichst kleinstem körperlichem Raum im Geiste auf der großen Erde zu tummeln. Auch das ist eine schwäbische Art zu reisen: Der Geist verreist, der Körper bleibt zu Hause! Für die Touristikunternehmen wäre es freilich besser, wenn der Körper verreist und der Geist zu Hause bliebe, noch besser freilich, wenn der Geist mitführe.

Zum Glück für den Tourismus geht der Anteil der sich bescheidenen Schwaben stark zurück. Aber das finanzielle Argument ist immer noch gewichtig. Wenn man beispielsweise beobachtet, wie wenig Schwaben den Gurt angelegt hatten, solange die Nichtanlegung des Gurtes nur das Leben kosten konnte, wie viele Schwaben aber den Gurt anlegen, seitdem die Nichtanlegung mit einem Bußgeld geahndet wird, der weiß, was ich meine.

Die erste Reise war, wie der bibelkundige Schwabe weiß, weder ganz freiwillig noch ganz erfreulich, denn es handelte sich darum, das Paradies zu verlassen und dafür die Fähigkeit zu sündigen zu gewinnen.

Ob diese Fähigkeit den Verlust des Paradieses ausgleichen konnte, ist fraglich. Im übrigen wirkte, wie bei den meisten Veränderungen mit zweifelhaftem Ausgang, auch hier die kritische Philosophie mit, repräsentiert durch die Schlange: Diese glaubt nicht an Autoritäten und verband dennoch mit dem Regelverstoß illusionäre Hoffnungen.

Seit dieser ersten Reise aus dem Paradies in die Welt sucht der Mensch den umgekehrten Weg, nämlich den ins Paradies. Auch hier zeigt sich Fortschritt.

Früher war das schwäbische irdische Paradies das Wirtshaus, nach der Devise: »Es ist besser, man darf nicht mehr heim, als nicht mehr fort.« Heute ist das Ziel der Sehnsucht Italien, Österreich, die Schweiz, Skandinavien, Frankreich, Spanien, Afrika, der Nahe und Ferne Osten, Nord- und Südamerika, die Karibik, Australien, Rußland, China, Japan, die ganze Welt. Es läßt sich deshalb nicht bestreiten, daß sich der Gegenstand der Sehnsucht – die Welt im Vergleich zum Wirtshaus – erheblich vergrößert hat, gerade weil die zeitliche Erreichbarkeit dank der modernen Verkehrsmittel verkleinert worden ist.

Aber es geht nicht nur um Quantität. Auch qualitativ ist in den letzten Jahren vieles besser geworden. Die Touristikbüros, die Reiseunternehmen, alle Veranstalter versuchen jedes Jahr einen Schritt nach vorn zu kommen. Erfolgskontrollen finden statt. Einmal soll ein Vertreter eines großen Reiseunternehmens in die Küche eines Vertragshotels vorgedrungen sein und dort gefordert haben: Ich möchte aus diesem Topf kosten. Man gewährte ihm die Bitte. Er meinte: Pfui Teufel, das schmeckt ja wie Spülwasser. Die Antwort des Kochs: Ist es auch.

Wir im Wohlstandsgürtel der Erde sollten dafür dankbar, uns freilich aber auch immer dessen bewußt sein, daß Touristik allein die

Menschheit nicht zusammenführen und ihre Probleme nicht lösen kann. Hierzu ist notwendig, daß wir in den großen Städten Europas lernen, mit Menschen aus anderen Nationalitäten, mit Menschen anderen Glaubens, mit Menschen anderer Hautfarbe freundschaftlich oder wenigstens gutnachbarlich zusammenzuleben und endlich zur Einheit in der Vielfalt zu finden.

Witzige Geschichten

Steckdosen statt Stuckdecken

Es ist ein eigenartiger Widerspruch, daß im Theater die sogenannte »Werktreue«, also die Übereinstimmung der Inszenierung mit den Absichten des Dichters, als ein höchst verdächtiges Streben angesehen wird, die Veränderung eines Baudenkmals aber als eine Kulturschande. Ein Beispiel aus einem neuen Bundesland spricht Bände: Dort wurde beim Umbau eines alten Gebäudes von der Denkmalbehörde zur Auflage gemacht, die Steckdosen zu erhalten. Das geschah mit großer Liebe zum Detail. Danach stellte es sich heraus, daß es sich um einen Tippfehler handelte. Gemeint waren die Stuckdecken. Der Bauherr war aber so eingeschüchtert, daß er sich an den seltsamen Wortlaut hielt.

Gesetzestreue

Die Polizei beobachtet, wie ein kleiner Lastkraftwagen alle paar Kilometer anhält, der Fahrer aussteigt und mit einer Stange gegen die Plane schlägt. Sie stellt den Fahrer zur

Rede. Dieser erklärt: »Ich habe fünf Tonnen Kanarienvögel dabei. Wenn nicht ständig zwei Tonnen von ihnen in der Luft sind, ist mein Wagen völlig überladen.«

Der General und der Landwirt

Während eines Kaisermanövers versperrte ein schwäbischer Landwirt mit seinem Leiterwagen einem preußischen General den Weg. Der General wurde ungeduldig und schnauzte den Landwirt an: »Nun beeilen Sie sich mal ein bißchen, ich habe nicht den ganzen Tach Zeit.« Der Landwirt erwiderte: »Leck mich am Arsch!« Der General fragte seinen schwäbischen Adjutanten: »Was soll ich jetzt tun?« Der Adjutant antwortete: »Herr General, I däts net!«

Nur der Förstersohn

Reichspräsident von Hindenburg besucht Anfang der dreißiger Jahre die Reichswehrgarnison in Naumburg. Der Kommandeur stellt dem ehemaligen Generalfeldmarschall einen Soldaten vor, der aus der Sektkellerei »Rotkäppchen« in Freyburg an der Unstrut stammt. Hindenburg kennt die Inhaber Kloß und Förster. Er sagt zu dem Soldaten: »Ich höre, Sie sind der Sohn von Kloß und Förster.« Darauf dieser: »Gestatten, Herr Feldmarschall, nur der Sohn von Förster!«

Vorsicht Fremdwörter!

In einer Beamtenstadt. Zwei Beamtengattinnen treffen sich auf dem Markt. Die eine flüstert der anderen zu: Mein Mann ist impotent. Die andere: Ist das mehr als Oberregierungsrat?

Grenzen der Mechanisierung

Die Fabrikantengattin zu ihrem Dienstmädchen: »Wir brauchen Sie eigentlich nicht mehr. Für alles gibt es ja heute Maschinen.« Das Dienstmädchen: »Da wird sich Ihr Gatte aber schwer umstellen müssen.«

Ein schöner Beruf

Zwei Frauen treffen sich wieder, nach langer Zeit. Die eine fragt: »Was ist eigentlich aus Ihrem Sohn Karl geworden?« Die andere:

»Der ist Imker!« Die eine: »Wo hat er denn seine Völker?« Die andere: »Der hat keine Völker. Der hat nur zwei Bienen beim Stuttgarter Hauptbahnhof.«

Der Erfinder

Ein Mann erscheint im Patentamt. »Ich habe einen Haarschneideautomaten erfunden.« Der Beamte: »Aber die Köpfe sind doch verschieden.« Der Erfinder: »Vorher schon.«

Bittere Folgen einer Scheidung

Ein Motorradfahrer fällt mit seinem Rad immer um, wenn er halten muß. Ein Passant fragt ihn nach der Ursache. Der Motorradfahrer: »Meine Frau hat mich verlassen.« Der Passant: »Was hat das damit zu tun?« Der Motorradfahrer: »Sie hat den Seitenwagen mitgenommen.«

Die Sorgen eines Pfarrers

Ein Pfarrer begleitet einen Delinquenten zur Hinrichtung. Es regnet fürchterlich. Der Delinquent jammert über das scheußliche Wetter. Doch der Pfarrer erwidert: »Was soll da ich erst sagen. Ich muß den ganzen Weg wieder zurück!«

Der mißverständliche Dialekt

Ein Schwabe, der gerade seinen Führerschein erhalten hatte, bringt zum ersten Male sein Auto zum Waschen. Der Garagenmeister sagt dem noch etwas ängstlichen Autofahrer: »I hab grad koi Zeit, fahret se in d'Waschanlag und machet se bloß des, was auf de Schilder steht, na passiert Ihne gar nix!« Schon nach einer Minute kommt der Schwabe zwischen den rotierenden Bürsten tropfnaß heraus. Der Garagenmeister: »I hab Ihnen doch klar und deutlich gesagt, sie sollet bloß des mache, was auf den Schildern steht!« Daraufhin rechtfertigt sich der Durchnäßte: »Des hab i doch gemacht, aber da war ein Schild, da stand drauf: Gang raus!«

Dackel bei Post und Polizei

Einst stürzte ein schwäbischer Briefträger infolge unmäßigen Alkoholgenusses mit seinem funkelnagelneuen Dienstrad am hellichten Tag und ausgerechnet an einem Ort, wo sich gerade ein Polizeibeamter aufgestellt hatte. Der sagte: Sind eigentlich lauter so Dackel bei der Post? Worauf der sich mühsam erhebende Briefträger mit lallender Stimme, aber schlagfertig erwiderte: Noi, i ben der oinzig. Die andere sind bei der Polizei!

Rommels Tierleben

Der verlogene Hund auf dem Burghof

Meine Mutter und mein Vater, welche die Hoffnung auf Nachwuchs beinahe schon aufgegeben hatten, nahmen mich so wichtig, daß es schwerfällt, sich vorzustellen, womit sie sich vor meiner Geburt beschäftigt hatten. Vor mir erfreute sich offenbar eine Schäferhündin der vollen Zuneigung meines Vaters und der etwas eingeschränkten meiner gesellschaftlich ambitionierten und deshalb auf eine saubere Wohnung bedachten Mutter. Dieses Tier lag oft auf dem Sofa, so daß sich dunkel gekleidete Besucher draußen erst wieder von den Haaren des Tieres befreien mußten, bevor sie sich auf die Straße wagen konnten. Das Tier war recht leutselig und freute sich über Besucher, die es durch Auflegen seiner Pfoten und mit dem Versuch begrüßte, ihnen das Gesicht abzulecken.

Der Hinweis meines Vaters: »Der Hund mag Sie halt« war gut gemeint, aber nicht überzeugend, so daß meine Eltern offenbar allmählich einer Art gesellschaftlicher Vereinsamung ausgesetzt waren. Schließlich setzte meine Mutter es durch, daß mein Vater den zungenfertigen Hund in die Kaserne brachte. Dort riß er sich aber los und erschien wieder mit wedelndem Schwanz in der Wohnung, was meine Eltern derart rührte, daß sie ihn erneut in den Haushalt eingliederten. Dieser schwelende Konflikt wurde durch meine Geburt gelöst, da auch mein Vater der Meinung war, daß mich der Hund nicht ablecken sollte, auch wenn dieser das noch so gut meinte.

Meine Eltern hatten eine über das Praktische hinausgehende Beziehung zu Tieren. Auch dort, wo nützliche Überlegungen im Vordergrund standen, neigten sie dazu, emotionale Bindungen aufzubauen. Nach dem Ersten Weltkrieg schafften sie sich in Schwäbisch Gmünd ein Schwein an, das sie mästen, schlachten und verspeisen wollten. Mein Vater beging den Fehler, das Schwein auf den Namen »Susi« zu taufen. Er mußte lernen, daß man ein Schwein, das Susi heißt, nicht so ohne weiteres als Lebensmittel betrachten kann.

Der Schlachttag wurde immer wieder verschoben, bis in der Landwirtschaft erfahrene Soldaten meinem Vater ernstlich vorhielten, daß nunmehr die Umwandlung von Susi in Wurst, Speck und Schinken zwingend geworden sei. So gab mein Vater seine Zustimmung zur Schlachtung, die von einem sachkundigen Soldaten in Abwesenheit meiner Eltern vorgenommen wurde. Meine Mutter vergoß Tränen. Mein Vater behielt die Fassung, aber beide konnten, als einiges von dem, was von Susi übriggeblieben war, aufgetragen wurde, nichts essen. Sie verschenkten alles an Menschen, die Susi nicht so gut gekannt hatten wie sie.

Eines Tages kam mein Vater auf den Gedanken, daß ich kein rechtes Verhältnis zu Tieren hätte und die Verantwortung für ein Tier übernehmen müßte. Gegen die Anschaffung eines Hundes wehrte ich mich nachhaltig und erfolgreich, und deshalb kam ich in den Besitz von zwei Kaninchen, welche sich eifrig zu vermehren begannen, so daß ich, auch durch Zukauf, schließlich zwanzig Tiere besaß, die ich für fünf Mark je Stück verkaufte. Als dies mein Vater erfuhr, ärgerte er sich sehr, sagte, man habe in mir eine Viehhändlernatur großgezogen, und veranlaßte die Veräußerung des gesamten Tierbestandes, wobei es mir freilich gelang, meine Mutter

davon zu überzeugen, daß das Geld mir gehörte. Wer weiß, was aus mir geworden wäre,
wenn nicht mein kleines, aber weiter ausbau-
fähiges Geschäft von meinen Eltern liquidiert
worden wäre.

Ich selber habe zeit meines Lebens Vorbe-
halte gegen Hunde gehabt, die ich als bellen-
de, knurrende, charakterlich suspekte, oft
auch bissige Wesen angesehen habe. Dieses
Vorurteil hat seine Ursache auch darin, daß
ich als Neunjähriger von einem großen Hund
geradezu in die Schule gejagt worden bin.
Dieser Hund, ein riesiger Bernhardiner, lag
im Hof der Wiener Neustädter Burg, die zur
Kriegsschule gehörte, deren Kommandeur
mein Vater war. Der Bernhardiner sah es
wohl als Aufgabe und Lebenszweck an,
mich jedesmal, wenn ich auf meinem Schul-
weg den Hof überqueren mußte, durch brül-
lendes Gebell, wütendes Knurren und hurtige
Verfolgung in Laufschritt zu versetzen und
mich vor den Soldaten meines Vaters als Feig-
ling zu demaskieren. An der Pforte zur Burg
kehrte er um und suchte gemächlich seinen
Ruheplatz wieder auf.

Mein Vater gab nicht dem Hund die
Schuld an diesem unfreundlichen Verhalten,

sondern mir, weil ich der Kreatur nicht mit der nötigen Festigkeit und dem gebotenen Mut entgegenträte. Er begab sich mit mir auf den Burghof. Als der Bernhardiner unser ansichtig wurde, bewies er, daß er nicht nur gefährlich, sondern auch noch verlogen war. Er sprang nämlich nicht, wie ich gehofft hatte, auf, um sich bellend und knurrend auf uns zu stürzen, so daß mein Vater die Gefahr ermessen konnte, in der ich mich jeden Morgen befand. Das heimtückische Tier wedelte vielmehr treuherzig mit dem Schwanz und blickte meinen Vater und mich freundlich an, nur um mir am nächsten Morgen wieder zähnefletschend und bellend hinterherzujagen.

Eine fremde Katze oder Die besondere Hausbesetzung

Wir, das sind meine Frau und ich, Tochter und Schwiegersohn und deren Kinder, sind Opfer einer Hausbesetzung. Nicht Menschen haben unser Haus besetzt, sondern eine Katze. Wir wußten anfangs noch nicht, ob es sich um ein Weibchen oder einen Kater handelt, ob das Tier sterilisiert oder geimpft wurde.

Wir kannten ihren Namen nicht, wußten nicht, ob sie jemandem gehört – uns jedenfalls nicht: Aber sie lebt bei uns und zwingt uns Tag und Nacht ihre Lebensweise auf. Ihr Fell ist dunkelgrau mit weißen Partien auf der Brust, sie ist kräftig gebaut; sie faucht und schnurrt, wenn überhaupt, ganz leise. Sie beißt auch, aber sanft. Sie springt uns unaufgefordert auf die Knie, krallt sich dort fest und läßt sich nur mit Mühe wieder entfernen.

Trotz mehrmaliger Abmahnung springt sie auf den Küchentisch, um ihre Lieblingsnahrung zu ertrotzen. Wenn mehrere geschlossene Dosen mit Katzenfutter verschiedener Sorten auf dem Küchentisch stehen, schnuppert sie an allen und zieht die Dose zu sich her, deren Inhalt ihr am besten schmeckt und die am teuersten ist. Ein überdachtes Katzenklo ist ihr offensichtlich unbekannt. Als wir eines kauften, um das Schlimmste zu verhüten, betrachtete sie es als eine Hart Himmelbett, in dem sie tagsüber schläft.

Wir hatten früher zwei Katzen, Moritz und Minka, die aber schon vor Jahren an Leberleiden verstorben sind, obwohl ich mich nicht erinnern kann, sie jemals Alkohol trinken gesehen zu haben. Nach Auskunft eines Veterinärs hätte Moritz geheilt werden können, wenn er Magerquark zu fressen bereit gewesen wäre. Doch er spuckte den ihm gewaltsam in den Rachen geschobenen Quark so lange wieder aus, bis wir diese Behandlung aufgaben. Noch heute höre ich das scharrende Geräusch, das in unserem Wohnzimmer zu hören war, wenn Moritz an den von meinen Eltern geerbten Polstermöbeln seine Krallen schärfte. Bald sahen diese aus wie Sperrmüll, den mitzunehmen sich das Stadtreinigungsamt geweigert hatte.

Inzwischen haben wir Ledermöbel, auf deren Unversehrtheit wir Wert legen. Jetzt kommt es darauf an, die Türen im Inneren des Hauses so zu schließen, daß die Katze weder die Möbel zerkratzen noch in oder auf unseren Betten liegen kann, aber doch freien Zugang und Ausgang hat, damit sie ihren Bedürfnissen möglichst außerhalb des Hauses nachkommen kann.

Es begann alles ganz harmlos. Nach dem Heimgang von Moritz und Minka schafften wir keine Katze mehr an und begnügten uns mit einer Mitgliedschaft im Verein »Katzenhilfe«. Meine Frau wurde jedoch am Küchenfenster ständig von Katzen angebettelt. Sie meinte, es sei im Sinne von Moritz und Minka und diene deren Andenken besser als ein Grab auf einem der virtuellen Katzenfriedhöfe im Internet, wenn sie gelegentlich ein paar Essensreste in einem Napf als Futter vor die Tür stellte.

Die Folge war, daß sich schließlich mehrere Katzen aus der Nachbarschaft vor dem Küchenfester einfanden. Die weitere Folge war, daß die Reste nicht mehr ausreichten, so daß meine Frau Katzennahrung kaufte und anbot. Die Katzen wußten aber bereits, daß es Katzennahrung in verschiedenen Preisklassen gibt und der Inhalt der teuersten Dose am besten schmeckt. Nachmittags und abends gingen die Katzen wieder nach Hause, denn sie sind weder obdach- noch wohnsitzlos. Am anderen Tag erschienen sie wieder vor unserem Küchenfenster.

Nur eine Katze verbrachte die Nacht immer öfter auf unserer Terrasse in einem Gartenstuhl. Wir beobachteten das mit Besorgnis. Die Besorgnis erwies sich als begründet, denn die Katze drängte bei jeder Gelegenheit in unser Haus, offenbar in der irrigen Meinung, ein mehrmaliger nächtlicher Aufenthalt auf dem Gartenstuhl habe sie zum Vollmitglied der Hausgemeinschaft gemacht. Zuerst komplimentierten wir sie immer wieder hinaus, doch dann wurde es kälter. Und mit der Außentemperatur verminderte sich auch unsere seelische Widerstandskraft, vor allem die meiner Frau.

Mein Hinweis, daß auch die Igel, Mäuse und Vögel frören, ohne daß man ihnen die Aufnahme in die Hausgemeinschaft anbiete, wurde nicht anerkannt. Sogar ein Fenster bleibt jetzt einen Spalt breit offen. Kein Zweifel, die Katze kann sich darauf berufen, daß sie geduldet wird. Das führt nicht zur Staatsbürgerschaft, begründet aber möglicherweise eine Art Aufenthaltsrecht.

Nachts grübelte ich über die Folgen nach, wenn sich herausstellte, daß die Katze weiblich und nicht sterilisiert wäre. Zweimal im Jahr würden uns die weiblichen Katzen Nachwuchs bescheren, etwa fünf je Wurf. Ich begann zu rechnen und erschrak.

Zum Glück stellte sich heraus, daß die Katze ein Kater war, dessen Nachwuchs jedenfalls nicht unser Haus belasten würde, und daß dieser Kater seine Krallen an unserem Apfelbaum und nicht an unseren fast neuen Ledersesseln schärft. Es zeigte sich auch, daß er aus einem wohlhabenden und kultivierten Haushalt stammen mußte, denn er fraß, wenn überhaupt, nur das teuerste Futter. Was übrig blieb, forderte ein weit größerer, dicker, rabenschwarzer Kater, der seitdem fast täglich an unserer Türe erscheint. Unser neuer Mitbewohner mag den Dicken nicht und würde es für besser halten, wenn wir den verhungern ließen. Das aber verstieße gegen unsere Wertvorstellungen.

Eines Tages streunte der dunkelgraue Kater durch unseren Garten, da ertönte ein Ruf: »Das ist doch unser Montag!« Es waren seine ursprünglichen Eigentümer, sie wohnen etwa hundert Meter von uns entfernt. Nach dem Vorbild von Robinson Crusoe hatten sie ihn Montag genannt, weil er an eben diesem Wochentag in die Familie aufgenommen worden war. Als Leute, die aus Überzeugung fremdes Eigentum respektieren, waren wir selbstverständlich bereit, ihn auszuliefern. Er kam in einen Korb und wurde abtransportiert. Etwa 40 Minuten später war er wieder bei uns. Dieser Vorgang wiederholte sich mehrmals. Seine Familie hatte ohne seine Genehmigung einen Hund angeschafft, was ihn veranlaßte, seinen Wohnsitz zu uns zu verlegen.

Eine Zeitlang haben wir ihn nicht mehr gefüttert, um ihn in seine alte Heimat zurückzuzwingen. Aber meiner Frau brach fast das Herz, wenn sie ihn auf unserer Haustürschwelle vorfand. Besorgt, wegen des Katers noch zum Witwer zu werden, stimmte ich der Wiederaufnahme der Fütterung zu. Er fraß ein paar Bissen und schlief ein. Jetzt ist er wieder dauerhaft bei uns.

Ein so faules Lebewesen gibt es kein zweites Mal. Nur wenn meine Frau in die Küche geht, läuft er manchmal hinter ihr her in der Hoffnung, etwas vorgesetzt zu bekommen, was ihm schmeckt. Ansonsten schläft Montag Tag und Nacht, und zwar dort, wo er am meisten stört, etwa in unseren Betten. Es macht ihm nichts aus, ob jemand bereits darin liegt oder nicht. Er liegt dann eben obendrauf. Versuche, ihn vom einmal eingenommenen Platz zu vertreiben, begegnen seinem entschlossenen Widerstand: Er krallt sich fest. Wenn er mein Bett blockiert, schüttle ich meine Bettdecke samt dem sich an ihr festkrallenden Kater so lange, bis er herunterfällt. Daraufhin begibt er sich im allgemeinen in mein Arbeitszimmer und legt sich auf meinen Drehstuhl, von dem er auch dann nicht herunterfällt, wenn man ihn stark rotieren läßt.

Erst wenn man den ganzen Stuhl umkehrt, dann geht er. Meistens liegt er aber in unserem Wohnzimmer auf der Fensterbank. Auf Besucher, die arglos auf einem vor dem Fenster stehenden Sofa Platz nehmen, läßt er sich oft herunterfallen in der Erwartung, daß sie ihn auf den Schoß nehmen und streicheln. Wer kann seinen Gästen Originelleres bieten?

Von Vögeln, Mäusen und Mardern

Die Vogelwelt bemüht sich besonders im Frühjahr, wenn es dämmert, die anderen Lebewesen darauf aufmerksam zu machen, daß sie erst in vier Stunden aufstehen müssen. Elstern gibt es bei uns, Blaumeisen und Amseln, die uns mit einer Musik beglücken, auf deren Niveau selbst moderne Komponisten bisher nicht angelangt sind. Es ist ihnen noch nicht einmal gelungen, die Menschen an sie zu gewöhnen. Aber das wird kommen, wenn wir weiter der Natur lauschen.

Jahrelang war ich zu Hause in Gemeinschaft von Tieren. Die kleinsten Tiere waren Kaulquappen. Auch mit zwei schwarzen

Mäusen teilten wir unsere Wohnung, die zusammen mit einem Glaskasten billig erworben worden waren. Der Verkäufer hatte versichert, daß sie aus diesem nicht herauskämen, aber die Qualität seiner Ware unterschätzt, denn sie konnten das sehr wohl und tauchten immer wieder auf, das helle Entzücken uns besuchender Damen erregend. Es war allerliebst, wie sie flink herum huschten und an den Kleidern von Personen hochkletterten, die ihnen sympathisch waren.

Es gibt natürlich auch Tiere, die in ihre Schranken verwiesen werden müssen, weil sie sich nicht in die Ordnung einfügen wollen. Dies gilt vor allem für den Marder. Dessen zahlreiche Anwesenheit im Stadtgebiet ist zwar ein schöner Beweis für die Wirksamkeit der Umweltpolitik, aber auch eine Gefahr für die Autofahrer, denn er nagt an den Leitungen und Schläuchen im Motor. Ihm diese Neigung auszutreiben, ist nicht leicht. Er gewöhnt sich an Summtöne und üble Gerüche. Das wirksamste wäre wohl eine Kastenfalle. Aber Vorsicht! Sie könnte eines Tages Nachbars Waldi enthalten, was die Beziehungen zum Dackelhalter trüben würde.

Hunde und Katzen mildern emotionale Defizite. Eine Dame aus Stuttgart sandte mir ein Gedicht, in dem die Vorzüge eines Hündchens vor einem Mann überzeugend dargetan waren. Die letzten Zeilen lauten:

Wird es alt, so kommt der Jäger,
schießt es tot und du nimmst dann
dir sein Fell als Bettvorleger,
mach das mal mit einem Mann!

Zur Textauswahl

Dieses Buch enthält eine Auswahl aus Büchern von Manfred Rommel, die zum Teil nicht mehr lieferbar sind. Die Beiträge erscheinen nicht immer unter den ursprünglichen Titeln; manche wurden erst für diese Auswahl mit einer Überschrift versehen. Die Beiträge sind folgenden neun Büchern entnommen worden:

Abschied vom Schlaraffenland, 1981
Wir verwirrten Deutschen, 1986
Die Grenzen des Möglichen, 1995
Trotz allem heiter, 1998
Neue Sprüche und Gedichte, 2000
Ratschläge und fromme Wünsche, 2002
Ganz neue Sprüche und Gedichte, 2004
Gedichte und Parodien, 2006
Manfred Rommels Schwäbisches Allerlei, 2008

UFP